なんたって70歳!

だから笑顔で生きる

Yuki

岡崎友紀

興陽館

はじめに

列車の車窓から見る風景の、その中に点在する家々を見て、もしも私があの中の一軒の家に生まれていたら、どんな生活をして、どんな人生だっただろうか……と、「私ではない私」の人生を想像していた少女時代。

ふと、この世界の他にも、同じような世界があったりするんじゃないかしら?とパラレルワールドを空想して、今ここにいる私はどっちの私?

これってほんとに現実？　なんて考えていました。


「現実」って不思議でいっぱい。

この宇宙、この地球、そして私たちがいったいなぜ「在る」の?

形は無いのにみんなが持っている「心」ってナニ?

そんな謎のヒント探しをしているうちに、しまった！　うっかり70歳になってしまいました。

昭和・平成・令和と、随分と長く『岡崎友紀』を開店してきました。

一緒に時を過ごしてきた世代の皆さんには、この本を読んで笑顔になっていただき、これからの日々を元気にすごしていただきたいし、若い世代の方には、「元祖アイドル」と呼ばれている私が、どんな人生を送ってきたのか、70歳になってどんなことを考えているのか、ちょっとだけ興味を持ってもらえればうれしいし、それにもう一つ、私自身が素敵な思い出を宝箱からとり出してお披露目するには、70歳はいい年齢かもしれないと思えたことが、この本を書こうと思った理由なんです。

なってみると、別になんということはない70歳。

いいえ、ほんとはじわじわボケてるのかもしれませんので大きなことは言えませんが、自覚としてはまだ、昨日の私とほぼ同じ。

ただ、頼れる若い家族がいるわけではないので、そこはちゃんと考えていかなくっちゃなんですが、でもまあ現在のところ、おかげさまでなんとか問題なく、元気に生きています。

もしも大家族で孫がいっぱいいたりすれば、もう少し違った『おばあちゃん』になったかも……なんて思ったりもします。それも素敵ですよね。

この先、そんな役を演じてみたい気もしてきました。現実の私には無理な条件でも、芝居ならできますもの。《孫たちと一緒に活躍する婆ちゃん》とかのコメディ、やりたいわねぇ。

私の持ち味は「笑顔」。私が演じることで、観客や視聴者の皆さんが「笑顔」になることが、私の仕事です。

長年のキャリアの中で、どれほどたくさんの笑顔を提供してきたでしょう。それだけは揺るぎない私のＰＲＩＤＥです。

大笑いさせるプロや泣かせるプロや、エンターテイメントを生業とする人間には、それぞれの得意技がありますが、「ハッピーな気分」と「明るい笑顔」は私「岡崎友紀」にお任せくださいまし。
この本もそんな「笑顔」をお届けできたらうれしいです。

岡崎友紀

なんたって70歳！　だから笑顔で生きる✿目次

2章 仕事と私

3章 少しでも「健康」でいられるように

4章 「ほんとうに大事なこと」ってなに？

5章 出会いが「笑顔」をつくってきた

カバー・本文イラスト　岡崎友紀

1章

「今」を楽しんでいますか？

年齢なんて気にしない

年齢って、どう考えたらいいのでしょう。

みんな生まれたとたんから、一瞬ずつ今を生きて、確実に時を使い捨てながら、ひたすら老いていくんです。

時間を止めることなんて誰にもできません。

一生懸命生きた分、ちゃんと一生懸命、平等に老いるのです。先に生まれたから先に老いた人を、後から老いる予定の人間に疎まれるなんて、どうかしています。

それを嘲笑するギャグがもてはやされるのは、いいとは決して言えませんね。弱者を笑いのネタにしてブレイクしたお笑いのスターたちにも責任はあります。でも、それをもてはやして商売にした業界と、喜んで笑ってしまっている国民も情けない。大体どの国でも、弱者を笑いものにするレベルの低い笑いは一流とは言えません。

強いものを果敢に笑いのネタにするのがプロです。弱いものいじめで笑うなんて、笑わせる方も笑う方も、恥ずかしいったらありませんもの。

私が20代の頃は、某化粧品会社が「25歳はお肌の曲がり角」などと困ったコピーをはやらせていたので、その当時の女性たちは、20代のうちに自分が「おばさん」と自覚しなくちゃいけなかったし、30歳になったら「三十路《みそじ》」とか言われて、ますますおばさん扱いでしたね。

今は、ハラスメントに敏感な時代になってきたので、大分気をつけるようになってはいるはずですが、それでも年齢を重ねゆく人々に「劣化」なんて言葉を浴びせてますから、まだまだですね。

どこに行っても自分が最年少という時代が長かった私ですが、徐々にそうでもなくなって、だんだん中堅となり、じわじわとシミやらシワやら白髪やらが現れてくるようになります。

それを気にして、メイクでカバーしようとすると、厚塗りがたたって余計老けて見えるので、悪循環となります。あれがいい、これが効くという広告やアドヴァイスに右往左往しながら、私も一時期、彷徨いましたっけねえ。

その迷路からは、案外早めに抜け出せた気がします。アンチエイジングの言葉に屈することなく、劣化と言われてもメゲることなく、当たり前なだけ！と思うようにしたからです。それは、老眼鏡をかけるようになったのがきっかけかもしれません。

ミュージカル『リトル・ショップ・オブ・ホラーズ』の公演中、右目の瞼が痒くなってだんだん腫れてきて、生まれて初めての『ものもらい』の状態になりました。マリリン・モンローみたいなブロンドの美女役ですので、それなりのメイクを施さないといけません。

片方の目が腫れちゃうと困ります。視力はずっと1・5だし、今まで目医者さんに行ったことがなかったのですが、少しでも早く治したいので、眼科で治療をお願いしました。で、そのついでに検査もしていただきました。

そうしたら先生が「ちょっと遠視ですね」と言うんです。ん？ 遠視？ ……って、老眼？ 先生に聞いてみたら「いえ、遠視です」と言うので、「ということは、老眼ではないってことですか？」と食い下がってみたら「あ、40歳を過ぎたら老眼と言います」って言うんです～。やっぱり老眼なんだぁ。

年齢で遠視が老眼に変わること、初めて知りました。この時、私は39歳でしたので、眼科でのよびかたは遠視なんですね。こうして早くも39歳で老眼一年生となった私。

その時はまだ大して困ってはいませんでしたが、少しずつ新聞の字が見えづらくなって、手を目一杯長く伸ばして読まないといけなくなり、そのうち、足で新聞を持ちそうになるほどになり、とうとう眼鏡をかけるようになりました。

はじめのうちは読む時だけかけて、普段は外して、という感じでやっていましたが、たとえば値札やメニューの文字を見る時は眼鏡なしでは難しいし、眼鏡をかけたり外したりをしょっちゅうしなくてはいけなくなってきたので、遠近両用レンズの眼鏡にして、常にかけて生活をするようになりました。そしたら、それがとっても便利で、値札やメニューの金額を見間違えて焦ることもなくなって、安全な日々となりました。

だけど、眼鏡を外すと、世界がぼんやり、頭もボンヤリしてしまうようになりました。股関節が悪くなって、仕事に支障が生じるようにもなってきましたし、加えて、老眼で眼鏡を外せなくなって、まず時代劇の出演には躊躇しますし、舞台の暗転は眼鏡なしでは危険だし、あらゆる不都合が生じるわけです。簡単で使い勝手の良いウィグも、眼鏡をかける人間のことは考えていない作りになっていることにも気づきました。

時代劇をはじめ、様々な役を演じるためにも、また、ドレスにブロンドのウィグでのディナーショーのステージも、どうしても眼鏡かけてちゃダメなので、当時最先端だった「老眼コンタクト」もチャレンジしました。

今はどうやらかなり進化したらしいんですが、まだ走りだったので、なかなかはっきりと視力が上がるというところまでにはならなくて、ちょっと残念でした。っていうより、私、子供時代から目にゴミとか入るとひょいひょいと目を開いたまま自分で取っていたんで、コンタクトレンズなんてラクラクだと思っていたんですが、それが全然間違いで、ちっともうまく入れられません。

近づけて近づけて、さあ！という瞬間に、どうしても目を瞑るんです。それまでしっかり見開いているんですが、レンズを入れようとすると瞼は閉じて、口ばっかり開いて、お話になりません。こんなに自分が不器用だということを思い知って、コンタクトは諦めました。

というわけで、時代劇とディナーショーをオファーされる前から自主的に辞退して数十年。ファンから「写真撮るからメガネ外して」と言われる時もありますが、もうこのメガネ付きの顔を現在の岡崎友紀と思って諦めてね、と思います。

みんな老いるのは当たり前で、ファンの皆さんだって、50年前の自分とは、顔も体も髪の毛も違っているでしょ？

それが当たり前。ちっともいけないことじゃないのよ。

だからその自分を愛せるように、自らプロデュースするのがいいと思うんです。

逆に、いいトシしてそんな格好して、とか思う人もいますよね。それって、どういう基準なのかしら。年齢に関係なく、自分にとって今これが心地よいというのが一番だと思うけど、どうでしょう。

今私は長く伸ばした髪で、いろいろバリエーションを楽しんでいますが、70歳にもなって長い髪はおかしいと思う人も多いらしい。

髪の量が減って白髪も増えるからだとは思うけど、シニアの女性は肩より上のショートヘアが普通なんだとか。私もその日は近いのかもしれませんが、それまでは自分の気分を大切にしていたいなぁと思います。

こんな風に「自由」が素敵と思って自分もそうすることにしたのは、実はだいぶ歳を重ねてからなんです。

なにしろ大正生まれの口うるさい母親に、一から十まで「常識」「規則」「世間」の枠の中で生きるべくプレッシャーをかけられ続けたものだから、考え方はちゃんと「自由」を一番にしているのに、人から見た自分には許されないと諦める癖があったからです。

この呪縛からの解放のきっかけは、どこに行っても最年少じゃなくて「最年長」のケースが増えてきたからかも。

通常、この歳になると人様にとやかく言い出す人間が多くなりますが、私の場合はやっと「とやかく言われないですむ～」という歳になった感じ。

自由とは「自らをもって由となす」。そう！　堂々と遠近両用メガネをかけ、気に入った髪型とファッションで他の誰でもない『自分』を大いに楽しんで生きなくちゃや！

だまらっしゃい！

8歳の初舞台から始まった私の芸歴ですが、皆さん、どのあたりからご存知でしょうか？　年齢によっては私のことを知らない人もいるでしょうし、もしかするとこの本のタイトルを見た時に、「たしか昔は18歳だったよなぁ」なんて、青春時代のプレイバックが脳裏をかすめた方、多いかもしれませんね。

齢七十だなんて、ホントかしら？と我ながらビックリです。こうして70歳になってはいるものの、気分は、若い頃とそう変わりませんし、いくつになろうが、なってみると別に大したもんじゃないんだなぁと言う感じで、なかなか渋めの長老キャラにはなりきれません。

世の中、今でも「劣化」だの「アンチエイジング」だの、私から言わせれば『だまらっしゃい！』なことを言ったり書いたりしていますが、私の若い頃は、もっと女性に対しては失礼でしたね。例えば「25歳はお肌の曲がり角」だの、「女と畳は新しい方がいい」だの、酷いセクハラが普通にまかり通ってたんですから恐ろしい。なもんだから、私なんか20代のピチピチの頃に、既におばさん呼ばわりされて、30代じゃ「もう終わりだ」かなんか言われて、40代では順調に婆さん扱いされ、50代以降は言わずもがな……でした。

あるテレビ番組に出演した時のこと。クイズみたいな特番だったと記憶していますが、収録直前、スタジオ横の控え室で待機させられていたら、そこにその番組の司会者が、ポケットに手を突っ込んで、かなりいい加減な態度で入ってきました。一応「今日はよろしく〜」と言いつつ、出演メンバーを見回して、誰にともなく「ふっけたなぁ〜〜」と馬鹿にした笑いと共に捨て台詞を吐いたのです。

バカモノー！　若い頃に私のファンだと公言していたくせに！　幼い頃からベテランの俳優、喜劇人、歌手の方々から素晴らしい教えをいただいて、心も技術も磨くことができた私からすれば、こんな情けない威張り方をする一流の人には出会ったことがないので、興醒めもいいところ。先輩たちへのリスペクトの気持ちも無く、歳を重ねたことをせせら笑ったこの男、サイテーです。

ま、たまにはいますよ、嫌なヤツ。自分に自信が無い人は、それを見透かされたくないものだから、その前にケムにまこうとして威張る傾向があります。

お金と権力を手に入れても、何かしらの自分のコンプレックスを抱えている人間は、他人を妬んだり、勝手に恨みを持ったりすることがあるようですね。要するに、事あるごとに人のせいにして、自分を正当化するタイプ。

私は幼い頃から、母を支えなければならない一人娘でしたが、とんでもないことばかりを経験した子供時代でした。もしかすると、その酷いシチュエーションがあったから、何が正しいかを判断できる人間になれたのかもしれないと考えたりします。

母の人生ですから、私にはどうすることもできませんし、当然、私が世間から非難されることでもありません。誰のせいでもなく、戦争や、古い日本の考え方や、母が置かれた家族での立場や、取り巻く人間模様や一人ひとりの性格や、とにかく、その時代の中で母に突きつけられた条件を生きなければならなかったから起きたことばかりなんだと思います。その中で私が生まれ、ごく自然に私が引き継いで担わなければならなかった……というだけなんです。

母は、「娘は何一つ苦労の無い日々を送ってきたからこんなに明るい」と見られることに執着していました。自分一人で育てた娘が幸せに見えることが、とても大事なことだったのでしょう。それがわかっていましたので、私はそう見えるように努力していました。貧乏なんてしたことないし、DVなんて見たこともないし……とね。

そのおかげで、私のことを「苦労知らず」と思っている人ばかりです。ただ残念なことに、〝『おくさまは18歳』で抜擢されたぽっと出のかわい子ちゃんアイドル〟と思い込んでいる人が圧倒的に多くて、それ以前とそれ以降に積みあげてきた芸歴は、まるで無いもののようにされてしまいます。

私生活はどうでもいいのですが、芸歴は大切な足跡ですので、無かったことにされるのは困ります。モンスター視聴率を毎週マークした主演作品は、私の大切な代表作の一つではありますが、そればかりが人々の記憶に残ってしまうことは、かなりヘビーな問題です。その上、その番組のタイトルに「18歳」という年齢が入ってしまっているので、ますます被害が大きいのです。

何か自分自身の肝心なところを、人から誤解や曲解されたままで時を重ねてきた違和感は、ずっと感じています。

真実よりも面白そうな嘘の方がビジネスになる世界で、不愉快にも、散々弄《もてあそ》ばれてきて、その度に転んじゃ起き上がって、よくぞこの歳まで歩き続けてきたものです。もう、へとへとだぁ〜。

でもね、実は素晴らしい出会いもたくさんたくさんありました。

それが私の力になり、笑顔の源になっているんです。

なんたって18歳！

人生はいつも初心者マーク

どんな人も、今は今しか生きることができません。この今を、明日もう一度生きるってわけにはいかないんです。

映画やアニメのようにそれができたら便利なのにね。でも、今はこの今だけが今。誰もがぶっつけ本番で、自分という主人公のドラマを、全編即興で生放送しているようなものですね。……ということは？　……歳を重ねた老人も、同じように初めての今を生きているわけで……な〜んだ、人間一生、初心者マークってこと？

そうか、それならなんだかフレッシュな気分でいられるかも。年寄りのくせにフレッシュってのも変だけど、なんたって初心者マークですもの、新しい今を楽しむ気でいかなくちゃ。

若い頃にはたっぷりの将来があったから、過ぎゆく時をそれほど重要視していませんでしたが、年齢を重ねて迎える「今」という一瞬は、うっかりなんかしてたら勿体無い「今」なんです。

ただですね、生きてきた時間の分だけ、た〜っぷり思い出を抱えていますし、体力には個人差はあれど、とりあえず労《いたわ》った方が良さそうだし、新しい出会いや発見は楽しそうではありますが、そのチャンスを探し歩くのは億劫ですしねぇ〜、ブツブツブツ。当然貴重な「今」だってことは、わかってはいるんですけど。

〝新しい趣味を持てば老後が楽しくなります〟とか、〝年齢は関係ありません〟とか、〝勉強を始めましょう〟とか、老いてなお輝くための提言は数々ありますよね。

確かに、リタイアした後の日々は、ヒマでしょうし、まだまだ健康で体力が余っている人も多いから、やりたいことを見つけて大いに楽しまなくてはね。

私の亡母は、人生の最終章に、カナダのビクトリアで英語を学びながらホームステイしました。素晴らしいエネルギーです。

母が亡くなった後に、お世話になったお家へ、感謝を伝えるために訪ねたのですが、初めて訪れたビクトリアは、それはそれは美しく、平和そのものでした。イギリスのシニアが、リタイアしたら一番住みたい町としてここビクトリアを選ぶのがよくわかります。ほんとうに古き良き時代の英国を彷彿とさせる、誠にエレガントな風景です。

こんな素敵な町、私もぜひ住んでみたいですね。そして、母のように英語を学んだり、ガーデンの散歩やアフタヌーンティーを楽しんだり、優雅なシニアライフをエンジョイしたいです。

母がそんな日々を、人生のエンディング直前にこのビクトリアで過ごすことができ、いい親孝行ができてよかったと思っています。こうして母は私という娘が経済的に支えたことで、夢を実現させました。

そう考えると、誰でも「やる気」だけの問題では片付けることはできません。時間的な余裕だけでなく、経済的な余裕があるかどうかは、歩いてきた人生の多動的な条件によって、それぞれ事情が異なります。よく、『こんな素晴らしい人がいる』と、新しいことに挑戦して資格を取得したとか、名声を手にしたとかのシニアが注目されて、話題になっているのを目にしますが、この注目のシニアが、人に勇気や元気を与えてくれるだけならいいのですが、逆に自分とのシチュエーションの違いにがっかりしたり、悲しくなったりする人だっているかもしれません。

母には私という母孝行な娘がいたので（自画自賛）、世界中を飛び廻ることができました。

ざっと思い起こしてみれば、オーロラを観るためにに毎年アラスカ・フェアバンクス

ブロードウェイ

やカナダ・イエローナイフに滞在し、マウイで何度もホエールウォッチングを楽しみ、ニューオーリンズでは憧れの外輪船でミシシッピー川を巡り、フレンチクォーターのど真ん中のホテルで町をたっぷり堪能し、アナハイムと東京に続いてオーランドのディズニーワールドでも大好きなスペースマウンテンを制覇、ラスベガスではスロットマシンを遊び倒し、ビバリーヒルズホテルでお茶したり、60歳を過ぎてからハワイで運転免許証を取得し、免許取り立てでフェニックスの道路を超ノロノロ運転して私に「アクセル踏んでー！」と怒られ、ブロードウェイでミュージカル『オペラ座の怪人』を楽しみ、ハワイのマウナケア山頂まで登頂し、ライン川クルーズや古城巡り、万里の長城も訪れ、オーストラリア・エアーズロックにも登り、ケニアでマサイ族の戦士と友達になり、国内でも、ケント・デリカットさんの英語スクールに通って、カルチャースタジオでフラダンスを習い、第九のコンサートで歌い、パステル画を学び、カナダの旅愛好会もアフリカサバンナの会にも参加して、シニアライフのサークルで活動し、私とアクリル画の二人展も開催し、スポーツ紙に連載した私のポエムのイラストを担当し、……あゝ、くたびれた。

これだってほんの一部なんですが、とにかくシニアライフをパワフルに過ごしていたのでございます。これって、老後を楽しむお手本みたいな内容でしょう？

さてそんなパワフル・ママのシニア活動費を支え続けた孝行娘の私ですが、あいにく自分には子供がいないので、だ～れもかまってくれません。チッ。老いて楽しむためには、まず親孝行な子供を育てるところからってこと？　……う～む……時遅し……なーんか損してる気分だわねぇ。

アロハな2人

いい歳のとり方って？

「今どきの若いもんは」というセリフは、年寄りの定番フレーズとして、代々受け継がれていますよね。いつの世も、年長者から若者を見ると、言葉遣いや振る舞いを理解するのが難しいということなんでしょうか。

自分が生きている今の時間を共有する程度の年齢差なんて、たいした隔たりでは無さそうだけど、それでもそれまでの常識とのズレを感じると、どうしてももの申したくなるのでしょうかね。私も70歳という押しも押されもしない高齢者ですので、そろそろこの定番セリフを口走りそうなものですが、今のところ、まだその気は起きません。

体はあちこち経年劣化が進んでいるわけだし、ボケだって始まってるかもしれないのに、私ったらほとんどの時間、自分が「老人」ということは忘れているんですよね。ほんとに、自覚が無さすぎる70歳なんです。

なぜそうなのか、理由は自分でもわかりませんが、もしかすると、辛かったことや理不尽だったことが、いっぱいたまってしまって息ができなくなる前に、一生懸命忘れるようにしているので、それと一緒に心の中で、過去の時間も編集カットして、短くなっちゃっているのかしら？

或いは、私には子供がいませんから、子育てもしたことがないので、子供の成長とともに年月を体感することがなかったことも、自分の年齢をうっかりしてしまう原因かもしれません。

私が子供の時から抱いていた理想は「大好きなおばあちゃんみたいなおばあちゃんになること」。つまり私の祖母のようなおばあちゃんになりたいと思っていました。いつもニコニコと笑顔で、炊事、洗濯、掃除、片付けの達人で、時代小説が大好きで、いつも本を読んでいました。女流作家になるのが夢だったらしいんですが、少女時代に兄弟姉妹が多いからと養子に出され、波瀾万丈の人生だったようです。兄弟姉妹が多いからって他人の家に養子に出してしまうなんてひどい話だと思いませんか？でも、昔の日本にはこういうこと、よくあることだったみたいです。その時代時代で常識が違うということなんでしょうけれど、納得するのは難しいです。

おばあちゃんは幼かった孫のゆっこ（私）とよく遊んでくれました。「おはじき」とか「あやとり」とか、おばあちゃん手作りの「お手玉」とか。中でもゆっこが一番夢中になったのは「俳句遊び」でした。五七五をバラバラに一つずつ隠しながら書き、それをつなげて大笑いの作品になったり、見事にハマって傑作になったり、という、幼児にとってはちょっと難しいゲームでしたが、一人っ子で大人と遊ぶしかないゆっこのために、優しく教えながら遊んでくれました。それがあまりにも楽しくて、もっともっととせがんでいたことを思い出します。

昔は家族で出演する「歌合戦」的なバラエティがいくつかあって、そういう番組に出演の依頼が来ると、いつもおばあちゃんが頼りでした。

チャーミングな笑顔と、楽しいおしゃべりで、場を明るくしてくれるおばあちゃん。歌も上手で、家では子守唄をよく歌ってくれていたんですが、テレビ番組でも、スタジオにいるフルバンドをバックに、♫『汽笛一聲　新橋を　はや我汽車は　離れたり～』と『鉄道唱歌』を歌ってくれたこともありましたっけ。この歌、東海道線の駅や土地名の入った歌詞が、神戸あたりの終点までの66番まであるそうですが、おばあちゃんがほとんどを暗記していてビックリしました。

他にも、家族の出演を望まれる番組には、いつだっておばあちゃんが頼りでした。孫の「ゆっこ」のお願いをいつも快く引き受けてくれて、ありがたかったです。

祖父は私が11歳の時に76歳で亡くなりましたので、8歳違いの祖母は、その時68歳。その7～8年後くらいから、おばあちゃんの雑誌の取材やテレビ出演が多くなったので、75歳から80歳くらいの間、いっぱい仕事に協力してもらったことになりますね。

働き者で、愚痴一つ言わず、頑固な明治男のおじいちゃんの小言もなんのその。誰

とてもあたたかな交流を持つことができ、前向きで健気なおばあちゃんは私の理想の人。こんなふうに、キュートでチャーミングなおばあちゃんになりたいと思っていました。

さて、そんな私は、理想通りに歳を重ねられたのでしょうか。明るく笑顔で前向きなところは、近いセン行ってるかもしれませんね。でも、孫には恵まれていないので、親族に関しては、私の方がちょっと寂しいかな。

若い時には考えませんでしたが、年老いた時には、親族がた～くさんいる人の方が、何かと安心で、安全で、いいのではないかしらと思うようになりました。そんなことといっても、家族や親族の人数が少ないのは仕方がありませんし、もしかすると、多いのもそれなりに苦労があるかもしれないので、どちらがいいとは言い切れませんしね。古来より〝遠くの親戚より近くの他人〟と言われていますもの。

壁やら落とし穴やら、すってんころりんバナナの皮みたいのやら、人生には思いもよらぬトリッキーな仕掛けを用意する人がいることを学びながら、その学びをちっとも活かせず、やっぱりコロリと信じてしまって、何度も何度も痛い目に遭ってきましたが、我が岡崎家には二つの家訓があって、一つは「絶対に株に手を出すな」という反省を込めまくった曽祖父の言葉と、もう一つは「騙されたら、あゝ、騙す方でなくてよかった、と思いなさい」という母からの言葉です。どちらの家訓も、岡崎家の後継者として守り抜いてきました。ただ私の後継者がみんな、シッポの可愛いニャンとかワンとかしか喋らない子達なので、この家訓をどうやって後の世代に渡すかが当面の課題……とか、冗談ばっかり並べている、この70歳。呆れられているかしら？　でもね、なんとなくですが……このおとぼけセンスが私の老いのスピードを減速させているのかもしれないぞ？と感じたりするんです。皮肉も混ぜて、ちょいシニカルなセンスにアレンジしたりもするけれど、大方は最後にアハハと笑って済ますのが好き。だからいっつも、愉快なオチを探しながら生きています。そうすれば、自然に口角が上がって、首も背中もまっすぐ伸びて、明るい70歳の出来上がり。

年齢はどんどん骨董品になっていくばかりだけど、気持ちだけはずーっとハッピースマイルでいたいものです。

時代は変われど……

1999年の7月に地球が滅亡するという〈ノストラダムスの大予言〉とか、映画『2001年宇宙の旅』とか、どれも遠い未来の話だったはずなのに、いつの間にやら通り過ぎて、どれも過去になってしまいました。そして、なんとビックリ！　もう2024年になってるじゃありませんか⁉

それなのに、あらら？　小さい頃に想像していた「未来」って、街の上空を、空飛ぶ乗りものが飛び回っているような未来都市だったんですけど、まだそうはなってませんね。

月とかにも行ったり来たりの旅行ができたり、動物さんたちとの会話もできる翻訳マシンもできて、地球号は平和に発展しているはずと思ってたんですが、そうは簡単にはいかないみたい。その上、いまだに戦争をしているとは⁉　人間の成長は想像をはるかに下回っています。ま、そうは言っても、変化や進化はしているわけで、パーソナルコンピューター、スマートフォン、ＡＩ、が、いつの間にか私たちの生活に、なくてはならないものになっています。

私の小さい頃は、テレビが珍しい時代で、近所のおじさんたちが私の家に押しかけて、みんなで野球やプロレスを見てたりしてました。

どこより貧乏だったはずなのに、新しモノ好きの母親のおかげか、不思議なことにテレビはいち早く我が家にあったんです。

そのうちテレビは一家に一台、茶の間の中心となって、やがては私が出演していた番組などを、家族で楽しむ時代があって、その後はだんだん一人一人が自由に見たいものを見、聞きたいものを聞き、家族でチャンネル争いをしなくてもよくなり、それどころか、家の中での家族の会話も、メールでしてたりになって、ライフスタイルは変わりに変わってきたわけです。

未来は？

私がパソコンをいじり出したのは30歳を過ぎた頃でした。なぜ始めようと思ったのかというと、歳をとったときに、自分が動けなくなっても、パソコンの画面から世界と繋がることができるんじゃないか、と思ったからなんです。ブロードウェイでどんな作品を上演しているのかとか、メジャーリーグのニュースをいち早く知るとか、ザトウクジラさんたちの情報がわかるかも知れないとか、オーロラの活動を知ることができたらいいなとか、そういった情報を得ることができ、世界の誰かとコミュニケーションをとることができる老後なら、きっと楽しいはず！と思ってパソコンと付き合い始めたんです。

ふと気づけば、「だったらいいな」と思っていたことは今、見事なまでに全て目の当たりにすることができます。自分は好きな場所にいて、ライブでメジャーリーグの観戦もできるし、毎日オーロラ観測までできてしまうんです。

これは私の予測通りとなりました。まさに理想の老後なわけです。……ん？　老後？　私、今、老後？

自分がどんなおばあちゃんになるんだろうと、若い頃に想像はしました。私は役者ですし、『ゲバゲバ90分』みたいなコントも演じていますので、〈おばあちゃん〉キャラの役づくりなんて慣れたもの。おかげさまで何度も演じてきました。

シワとシミを施したメイクで、白髪のカツラをかぶって、しゃがれ気味の声と入れ歯特有の発音で……あ、ただ、あくまでもコントなので、最後は「飛んで跳ねて逃げ去る」とかのオチがついてますから、マジな役どころではないんですけどね。それでも鏡の中に映る、役づくりの出来上がった自分のおばあちゃん姿を、何度も見ているわけです。

リアルなおばあちゃんとしては、母の老いを目の前で見てきたし、祖母の姿も見てきました。

でも二人の70歳の時を考えると、今の私って、な〜んか違うなぁ。『ゲバゲバ〜』の時の、鏡に映った自分のおばあちゃん役の姿も、いざ自分が70歳になってみると、やっぱり全然違うなぁと感じます。

暮らす時代が違うと、年齢へのアプローチも変わるのかもしれませんね。


「老後」って何歳からなのかしら？

国で定めた「高齢者」は65歳からで、そのうち74歳までは前期、75歳からは後期高齢者。だから、すでに私はあっちこっちの美術館や博物館で、割引、或いは無料という、前期高齢者から適用の料金設定の恩恵に与っているわけですよね。

わ〜お！　ありがたや〜。老いても尚、日々の時を楽しむことが『老後を楽しむ』ということであれば、こうした前期高齢者から優遇してくれるサービスを、各自治体にはどんどん充実させてもらいましょう。


若い頃に、どんなに忙しくても、必死で旅の予定を組んで世界を歩いてきたことは、大切な心の栄養になりました。興味のあることや魅力を感じることがあるという幸福感も、経験上、絶対大事にしたいと思います。

この星で命を授かった生きものの一員として、楽しいと思う時間を持つことが、一番重要で意味のあることだと思うのです。

だから、一緒に暮らしてくれる猫ちゃんや友達になってくれた鳥さんたちにも、心から楽しいと思う日々であってほしいし、そうした思いを少しでも分け合える仲間でありたいと思うんです。

考えたら、古希だ、70歳だ、と言っても、たった70回しか誕生日を迎えていないんですよね。

満開の桜も70回目なわけで、そう思うと一生ってささやかなものなんです。無駄にしちゃいけないって、つくづく思いますよね。

空や海や動物さんや、コーヒーやパフェやお野菜や、自分の好きなものとの日々の記録をSNSにアップするために写真を撮り、文章を入力して、毎日身の回りのことを発信しています。

途中で仕事の連絡が入っても、目を通さなきゃいけない参考資料や、聴いたりしなきゃいけないファイルも、なんでも携帯さえあればOKだから便利♪便利～♬

こうやって毎日あれやこれやで、相当の時間をｉＰｈｏｎｅを手にして過ごしている私。

みなさんもきっとそうですよね。誰もがスマホありきで生活するなんて、その昔には想像もできなかった暮らし方です。

さあ、この先は、いよいよドローンが進化した空飛ぶ乗りものが街の上空を飛び交い、パーフェクトな動物翻訳アプリで人間以外の動物さんと会話ができるようになり、やっと！　そう！　やっと戦争の無い、平和で素晴らしい地球の未来がやって来るわけですね。

ね！　いい加減にそうなってくれーっ！　ねーーーーーーーっ！

母の人生

いつも仕事場についてきていたので、母のことをステージママだと思っている人もいましたが、ほんとうの母は、ビジネスに関しては才能があるとは言えない人でした。誰にでも気を遣って、遠慮ばかりして、言葉少なく、穏やかで、おとなしい女性でした。直接母を知る仕事関係者であれば、みんなわかっていたことです。ただ私にだけは、あれダメこれダメ、ああしなさいこうしなさいと、口うるさくて厳しい母親でしたけど。

私がものごころついた頃から音楽に親しめたのは、母のおかげです。ラテン、ハワイアン、ジャズ、ロシア民謡などなど、あらゆる国のあらゆる音楽に精通していました。マンドリン、ウクレレ、ギター、アコーディオン、ドラムなど、いろいろな楽器も奏でることができました。はっきり言って、娘の私からみてもスゴイ人です。母がどんな少女時代を過ごしたのか、そしてどんな青春時代だったのかは、詳しくは知りません。もっと聞いておけばよかった。今になってそう思います。

母は満州*に、家族で移り住んでいました。母の両親（つまり私からすれば祖父母です）と妹二人と一緒に、奉天（現在の瀋陽）の中心に立つ奉天ビル内のホテルに住んでいたそうです。祖父は神主なので、そのホテルの結婚式場の仕事に就くことになって一家で移住。そして母は、満州放送局に勤めていたのだそうです。その同僚には森繁久彌さん、芦田伸介*さん、米山正夫*さん、石川甫*さんなどがいて、この方達とは私も幼い頃からお会いしていました。

＊満州　現在の中国、東北地方からロシア沿海地方にかけての地域。
＊芦田伸介さん　俳優。舞台・映画・テレビドラマと幅広く活躍した。
＊米山正夫さん　作曲家・作詞家。『リンゴ追分』などを手がけた。
＊石川甫さん　一般社団法人全日本テレビ番組製作社連盟（ＡＴＰ）初代理事長。

戦争が悲惨な状況に陥っていく中で、母も満州放送局の慰問団の一員として、野戦病院などに慰問に行ったそうで、その時のことを話してくれたことがあります。慰問団が演じる舞台の目の前の床には、戦いで傷ついた兵隊さんたちが隙間もないほどに横たわっていて、お腹に大きな穴が開いている人や、爆弾で両腕も両足も失った体を担架にくくりつけられてそのまま壁に立てかけられている人や、壮絶を極める光景の中での公演に、団員たちは皆、果たしてこんな状況の中で、明るい音楽や舞踊や演劇を披露してよいのだろうかという思いだったとか。

ところが、兵隊さんたちは、慰問団の舞台を観て、にこーっと笑うんだそうです。痛みも苦しみも極限の状態にある、命の灯火が今にも消えるかもしれない瀕死の兵隊さんたちが、ほんとうにうれしそうに、にこーっと笑うんだそうです。その心からしあわせそうな笑みを見た時、「娯楽」が人間にとっていかに大切なものかがわかったという母。人が暮らすために必要とされる衣食住ではないけれど、人の心のしあわせにはとてつもなく大きな役割を果たす、なくてはならないものだということを、その体験で思い知ったと言っていました。

自分の過去の話をあまりしない母でしたが、この貴重な体験談を聞くことができ、ほんとうによかったです。敗戦後、満州から引き揚げ船で日本に戻った後の日々は、長女として家族を支えなければならず、大変だったようです。でも、私の生まれる前の話なので、詳しいことはわかりません。

私の記憶には、母が恐ろしい暴力を振るわれていたことが、鮮明に残っています。あまりの恐ろしさに、裸足で家を飛び出して、交番に助けを求めに行ったこともありました。恐怖で歯がカタカタと音を立てて震えるものなのだということを、この時に知りました。

母は父親について、正しい情報を私に話してくれたことはありません。だから、私から尋ねることもしませんでした。母は、私に事情を知らせたくないと考えていたのだと思います。それに私は幼かったし、事情を知っても解決できません。でも、説明は無くても目の前の現実を見れば、父親らしき人間がやっていることは明らかでした。

暴力を受けたために、母の歯は全部折れてしまっていましたが、それを私に知られたくないためか、何十年もの間、とりあえず作ったらしいゆるい入れ歯のまま、私が何度も歯医者さんを勧めても、亡くなるまで治そうとしませんでした。私がその歯の原因をわからないわけがないのに、なぜか隠そうとする困った人でした。

母から何も聞かされずにいても、現実を見ないで済むわけではありません。いつしか母の苦しみや悲しみは、私という存在によって癒えるのだと理解していました。直接そんな話はしたことがありません。でも結局、いつの間にか母のために生きる娘になっていたのです。

私がメジャーな存在になると、マスコミが私の生い立ちを商売のネタにしました。それっておかしいですよね。私は何も悪いことしていないのに、どうしてそんな娘として生きているんだと問い詰められても、どうにも答えようがありません。

子供の頃、新聞や雑誌の記者になりたいと思っていたけれど、自分が取材されたり、記事のネタにされたりする立場となって、つくづく記者にならなくてよかったと思ったものです。面白おかしく書くことの全てを否定する気はありませんが、少なからず誰かの人生を弄《もてあそ》んで、晒《さら》し者にして、傷つけてしまう立場にいることは確かですから、そんな仕事によろこびを感じる人間にならなくてよかったと思いました。

母が歩んだ人生を考えると、日本の古くからのセクハラやパワハラに振り回され続けていたのだろうと想像します。

その上、理不尽な戦争が青春を奪って、踏んだり蹴ったり。そう思うと同じ女性として、気の毒でなりません。なので、母の好きな海外への旅には、娘として大いに協力を惜しみませんでした。

一緒にいろいろなところへ行きました。最初はTBS「ヤング720」の最終回のロケでグアムに。その後はハワイ、アムステルダム、ローマ、パリ、ロンドン、ウィンブルドン、シンガポール、香港、パース、アデレード、アリススプリングス、エアーズロック、メルボルン、キャンベラ、シドニー、ブリスベン、ゴールドコースト、ロサンジェルス、ラスベガス、フェニックス、スコッツデール、デスバレー、ニューヨーク、ニューオーリンズ、オーランド、フェアバンクス、ケニア、これらが私も一緒に旅をしたところです。

60歳を過ぎた頃に、ハワイで数ヶ月間の長期滞在もして、ドライバーライセンスも取得し、英語のスクールに通って、かなり遅い留学生気分を味わうことにも母はチャレンジしました。

母の若い頃には「女のクセに!」と一蹴され、夢や憧れを現実にできなかったことがいっぱいあったと思うので、そうやってジーパン穿いて、ハンバーガーにコーラのランチで、ハワイの空の下で勉強をするという経験をしてくれたことは、娘としてとてもうれしいし、誇らしく思っています。

一生に一度でいいからオーロラを見てみたいと母が切望するので、当時は情報の少なかったオーロラ観測の条件を調べに調べて、アラスカのフェアバンクスに行き、素晴らしいオーロラを観ました。で、納得したかと思ったら、「次は赤いオーロラを見たい」と言うので、翌年再び行きました。幸運にも素晴らしい赤いオーロラを見ることができたから、もう満足かと思いきや、もっと見たいと言います。

奥ゆかしいはずの母ですが、夢中になるとどこまでも突き進むタイプなんですよね。

2人で旅行へ

このほかに母だけで旅をした、ドイツやスイスやベルギーなどヨーロッパの各地や、北京や万里の長城、カナダのイエローナイフ、そして亡くなる直前にはカナダのビクトリアにホームステイで長期に滞在していました。

こうやって思い返してみると、ずいぶんたくさん旅をしましたね。

でも多分、母はもっともっと、いろいろ行きたかったろうと思います。

私に聞こえるように「シベリア鉄道に乗りたい」かなんかつぶやいていたこともありましたしね。

きっと天国へ行ってからも、地球のあちこちを飛び回り、宇宙旅行も楽しんでいるに違いありません。

一点ものの価値ある存在

陽気で、アクティヴで、一日中でも喋っていそうなお気楽キャラに思われる私。確かに、誰かが目の前にいると、シーンと静寂が続くのがいたたまれず、空気の隙間を埋めたくなってしまうんですよ。

だから、私より喋る人がいる時は、ずーっと黙って、ずーっと聞き役になります。そう、何時間でも。実は私、黙っているのも得意なんです。

誰も周りにいなければ、当然喋らなくてすみます。絵を描いている時間は、まさしくそういう時間で、自由な孤独を楽しんでいます。写実的なものから絵本の世界の絵まで、キャンバスに楽しく描いています。

ここ数年はｉＰａｄも使ったりして、新しい世界を楽しんでいます。絵を描くことに親しんできたのは、母親の影響が大きかったと思います。母はアクセサリーデザイナーだったので、我が家にはそのデッサンなどがあり、そういった環境が絵を描くきっかけになったのかもしれません。

ただ、自分の絵が上手いと思ったことは一度もありません。小学校の同級生の中に、絵がとても上手な少年がいて、どうやったらあんなふうに上手く描けるんだろうと、いつも感心して一目も二目も置いていました。ところが、その少年の絵を差し置いて、小学2年生の時、私の絵が千代田区の「特選」になりました。

学校からバスで横浜の港まで行っての写生会で、小さな「曳船」を描いた私の絵が選ばれたんです。しかし、その時の担任の教師が、そのことを生徒に発表しませんでした。もっと大きくて立派な客船を描いた上手な絵があるのに、その子じゃない絵が選ばれて許せなかったのでしょうか。コソコソと母親を呼んで、他の生徒に見つからないように賞状を渡して、「特選」を無いものにされてしまったんです。

せっかく区からの「特選」をいただいてうれしいはずが、その日から自分の絵への自信はゼロより下回って、マイナスになってしまいました。

どうせ私なんか……という思いは、子供の時のトラウマが元になっている気がします。自分への評価を正しく得られない時、心は傷つきます。

私の絵への評価を闇に葬った担任の教師は、自分が上手いと思う子の絵が選ばれなかったことで、その少年が傷つかないように配慮したつもりだったのでしょう。しかしその結果、区の審査員たちに認められた絵を描いた子供に対して、その事実は誰にも言ってはいけないと強要したのです。

命令通り、誰にも言いませんでした。でも、どうして内緒にしなければいけないのかがわからないままで、とても悲しかった

絵にはトラウマが

し、深く傷つきました。いただいた賞状も、描いた絵も、なんの意味もないものに思えて、飾ることもなく、二度と見ることもしませんでした。

もし教師があの時、私の絵が「特選」に選ばれた事実を隠さずに、正直に生徒たちに伝えてくれていたら、私は絵の道に進んでいたかもしれません。そう思うととても残念です。

トラウマと言えば、私の場合、幼い時からしょっちゅう恐ろしいDVを目の当たりにしなければならなかったので、相当のトラウマとなっています。

例えば、どんな媒体からの映像でも、暴力シーンは見たくありません。戦う、傷つける、といった画面は目を背けます。なので、そういうバイオレンス映像を要求する作品には、出演なんてできるはずがありません。

「横暴な男」への恐怖と怒りは、私の心に深く刻み込まれているので、上から目線、横柄な態度、一方的な牽制、命令口調、説教魔、など、自分の弱さを見抜かれまいとする小心者の男たちをゆるすわけにはいきません。傷つくのは御免ですから、当然セルフディフェンス状態となり、それでも態度を改めない相手には、果敢に攻撃を仕掛けることも厭いません。

とにかく、偉そうなオヤジは大嫌いなのヨ。

加えて、仕事で取材を受けるようになって、真摯に対応しているそばから、言ってないことや、言葉のニュアンスを違う形にして、人権もなにもない記事や映像に仕立て上げるマスコミに深く傷つき、それがトラウマとして積み重なって、強い拒絶反応を起こします。

大体、いつの時代からそう取り決めたのか知りませんが、誌面に掲載される私の名前には、芸能人だからという理由で「敬称」はつきません。「さん」というのが名前の後につくのは文化人なんだそうです。今やタレント活動している文化人がごっそりいるのに、どこに文化人と芸能人の線引きをしているのかしらね。敬称が無いなら無いで構わないけど、人によってあったり無かったりは解せない。

学位があるわけでも、勲章をいただくでもない、所謂ブランド無しの私なので、軽んじて見下す人にも出会います。もっと箔のつく資格を取得しておけばよかったなとも思ったりしますが、あまりにもたくさんいろんなことを背負って歩いていたので、自分の未来を大事に考える暇はありませんでした。時遅かりしですね。

ただ、よく考えてみれば、『岡崎友紀』になれる人は他にはおらず、その『岡崎友紀』にしかできなかったことを自力で積み重ねてきて、それを人が好んだり認めたりしたのだとすれば、それって私そのものがブランドと言えるのかもしれません。

私の演技によって、笑顔になり、心から楽しくハッピーになった人たち。そして私の歌を聴いて、心潤ったり、時に切なくなった人たち。その人たちが全国にいるのであれば、それこそパフォーマーとして何よりの成果。誰がなにを言おうと気にすることなく、今まで通り、笑顔を生み出すパフォーマンスに心を注いで参りましょう。

母のことをもう少しだけ……

前田武彦さんとは、連続ドラマ『お嫁さんに決めた！』（CX）で共演したり、『巨泉・前武ゲバゲバ90分』でご一緒したり、とてもかわいがっていただき、仲良くしていただきました。

みんなに楽しいニックネームをつけてくださることでも有名だったんですが、なぜか私はニックネームではなく、友紀ちゃんとか友紀とかよばれていました。

そのかわり、私の母には「ロシアン・スヌーピー」というニックネームをつけてくださいました。

確かに母の顔ってロシアンぽい。聞くところによると、曽祖父はクォーターで、祖父は1／8、で母は1／16のロシア系なんだそうで、さすがに1／32の私には、一つもそんな影響は出ず、ぺったんこな顔になっちゃいましたが、前武さんの見立てはさすがだったんですよね。

母自身は自分のことを「風船トド」と命名していて、私もよく、「トドたん」なんて呼んでおりましたっけ。

ま、それだけふくよかな体型だったんです。

でも、私が小さい頃の母はガリガリでした。

多分、体重は40キロを切っていたのではないかと思います。いつもげっそりと頬《ほほ》はこけ、のちの母からは想像もできないほど、やつれていました。


母を語る時、私はいつもぶ厚い壁にぶち当たります。

私の母ではありますが、一人の人間としての人生があり、その人生の背景にある戦争や古き因習やらの複雑さに、どう言えば正しく伝えることができるのかが難しいのです。

母に対して、ひどく理不尽な重圧があったことは、ずいぶん後になって知りました。

男の後継がいない家の長女として、親から背負わされた数々の責任を抱え込み、その上戦争というとんでもない有事までが重なり、両親のために、そして岡崎家のために多くの犠牲を払った人生だったようです。

それほど大した家でもないはずなのに、昔はそれが普通だったんでしょうか。

母は婚姻せずに娘を産みました。

生まれた娘が私です。私には正式な戸籍上の父親はいません。

要するに、私には母しかいないのです。

何故そうなったのか。きっとやむを得ない事情があったに違いありませんが、私の知るところではありません。

ただ、機嫌の悪そうないばり腐った男がたまに家に現れて、その度に母に酷い暴力を振るい、恐ろしいし、見たくないし、その男のそばにいること、顔を見ることすら嫌で嫌でたまらなかった記憶しかありません。

こうした虐待や暴力を目の当たりにしなければならなかった子供時代。

心の傷は消えるものではありませんし、口に出すことも辛く、母に問いただす勇気も起きませんし、母も、決して語ろうとはしませんでした。

この気持ちって、どう説明すればいいんでしょう。

私から母へは哀れむ気持ちが常に心の奥にありましたし、母から私へは、口には出せない罪悪感のような気持ちが心の奥に、重しのように沈んでいたのだと思います。


この時代の男たちの多くは、兵隊としての戦争体験を持ち、その戦地での経験によっては、精神を病む人間もいて、その後遺症の一つとして、暴力を振るって暴れる男が多くいたらしいと聞いたことがあります。

そりゃあ気の毒なことではありますが、母を殴り出したら止まらなくなるのがそういった後遺症の症状だったとしても、決してゆるされることではありません。その上その男は、酒に呑まれる酒乱でした。

酒の力を借りて、長時間延々と母を罵り、そのうち母の頬を平手で叩きだし、その後は殴り、蹴り、髪を掴んで引き摺り回し、投げ飛ばし、目の前にあるビンや灰皿まで武器にして暴力を振るうのです。

度重なる暴力に母が命を失わずに済んだのは、不幸中の幸いどころではなく、奇跡です。それを見続けていた子供は、当然酒も憎むようになりました。

そのおかげで、私はアルコール飲料で酔うことができません。

心と体が「酔う」ことはいけないことだと、断固拒否してしまうのです。

お酒を勧められてもお断りしてきたのは、こうした理由があったからなのですが、やっと最近はビールの喉ごしがなかなかいいと感じられるくらいにはなってきて、七十にして我が身への解放の兆しが少し見えてきました。


母はたった一度だけ、若かりし日の思い出の一つとして、戦争中に戦地から母に送られてきた手紙のことを、私に話してくれたことがあります。

遠く戦地の星空の下で、愛しい人を想いながらしたためたであろうその手紙。

書き出しの一文を聞いた時には胸がいっぱいになりました。

星は 幾千 幾万 ありとても　君に 勝る 輝きは 無し

もしもその人が戦死することなく、生きて帰還してくれていたら、母の人生も違っていたかもしれません。

2章　仕事と私

『おくさまは18歳』こぼれ話

少年少女も、若いカップルも、新婚さんも、そしてそう若くもない人まで、飛鳥と哲也の秘密がバレないか、いやいっそバレちゃったらいいのに、とヤキモキしながら、そして大笑いしながら楽しんだ、『おくさまは18歳』。最高視聴率が34パーセント（だったらしい）という高視聴率のドラマでしたので、そんな時代を懐かしむ世代は、私をよーくご存知ですね。

その後も全国各地で、そしてプラス海外でも、時間差で放送されていたようで、そんな再放送を楽しんでいた世代もいるみたい。また、その時代を知らなくても、今はネットで見ることができたりするから、ますます時を超えた永遠の18歳になってしまいそうで、70歳のリアル岡崎友紀は戸惑うばかりの今日この頃なのでございますのヨ。

この作品に出演を決めたのは……ある日所属事務所の社長に呼ばれて、彼のデスクに積み上げられた、『岡崎友紀』の出演オファーのために送られてきたテレビ局や制作会社からの企画書の山を見せられました。

そして、その中から自分でやりたいと思う作品を選んでほしい、と言われました。そこで、私はうず高く重ねられた企画書を一冊一冊手にして、目を通していきました。その中で見つけたのが『おくさまは18歳』だったのです。

私は見たことはありませんでしたが、原作は本村三四子さんの『週刊マーガレット』の人気連載少女漫画で、設定はアメリカのハイスクール、主人公の名はリンダ、夫の名前はリッキーと説明がされていて、脚本は佐々木守さんと記されていました。この原作と脚本の二つの情報だけでも、私が求めている『アメリカンライトコメディ』の匂いがして、面白い作品になるのでは？という予感がしました。そして迷わず「これ！」と選んだのです。

『おくさまは18歳』から岡崎友紀を知った人が増えたのは確かです。でも、それがデビューなのだろうと勘違いしている人がいるのはちょっと困ります。

もちろん、それだけ視聴率が高く、たくさんの人達から愛された番組だったということではありますが、『岡崎友紀』は既にその前に、NHKの1年間のドラマに主演し、レコードも出している歌手でもあり、レギュラーのドラマやクイズや、『巨泉・前武ゲバゲバ90分』に代表されるバラエティ番組や、NHK『おたのしみグランドホール』やNET『9時のビッグヒット』などのゴールデンタイムの司会番組も持ち、月刊誌に映画評論やエッセイのページも連載し、グラビア撮影にも追われ、テレビ局のスタジオ、撮影所、ラジオ局、写真スタジオ、などなどを駆け巡り、目の回るような多忙を極める日々でした。つまり、そんな岡崎友紀の新たな番組を制作して、高い視聴率を狙いたいというメディアから、何十冊もの新番組の出演依頼の企画書が殺到していた中の一冊が『おくさまは18歳』だったというわけなのです。

この企画書の〈配役〉欄には私の他に『哲也＝石立鉄男』と記されていて、すぐに

2年前のNHK主演ドラマ『あねいもうと』のロケを思い出しました。

NHK『あねいもうと』は1年間の連続ドラマで、4月からオンエアがスタートして、半分くらい話が進んだ真夏、瀬戸内海の「家島《いえしま》」という島でロケーション撮影がありました。その時の話《わ》に登場したゲストが、島の青年役の石立鉄男さんでした。ちょうどそのロケの期間中に、私が15歳の誕生日を迎えたので、スタッフさんたちが可愛いデコレーションケーキまで用意して、撮影隊の宿泊していた民宿でお祝いをしてくれました。そうしたら、なんと石立さんもその日が誕生日だったんです！ この偶然にみんなでびっくりくり〜！ 急遽、二人の誕生日会となりました。

その翌年の春、フジテレビ『父ちゃんが行く』という連続ドラマで、渥美清さんの娘役でレギュラー出演をしていた時、局の廊下でバッタリ石立さんと出会いました。『あねいもうと』のロケでしか会ったことないのだけど、お誕生日が同じだったことの印象が強かったからか、お互い「おーっ！」「わーっ！」とか言いながら、大袈裟なハグで再会を喜びました。そしてその1年半後、今度は『おくさまは18歳』での共演となったわけです。

当時のテレビは、青春もの、学園もの、スポ根ものが、視聴率を弾き出せる安定路線としてテレビ局では好まれていて、企画書の山も、ほとんどがそういった内容の番組でした。老いも若きも幼きも、チャンネルの争奪戦に加わって、一家に一台のテレビが、茶の間の主役だった時代です。

ジャンケンで負けると服をどんどん脱いでいくお笑い番組や、怖がらせて悲鳴をあげさせたり、泣かせたり、視聴率のためにはセクハラもパワハラもモラハラもやりまくれ〜！という娯楽番組作りの流れが見え始めたのもこの頃で、私はこういうノリにはどうしても馴染めませんでした。

コメディエンヌとして仕事を選びたいと考えている私でしたが、そのセンスを理解してもらうことの難しさに、常に直面していました。ともすれば「ドタバタのお笑い」となってしまう危険を持つコメディ。ここをしっかり演劇として完成させるのが勝負どころなんですけどね。そのセンスを、実によく理解して演出に反映させたのが、湯浅憲明監督*でした。湯浅監督が『おくさまは18歳』のメイン監督でほんとうに助かりました。

私の表情の変化、目の動き、体の動き、セリフのメロディやリズムなども、全て見逃さずに演出しようと考えてくれて、とてもありがたかったです。そして、共演の皆さんの「センス」も素晴らしかった！　哲也の石立鉄男さん、海沼先生の寺尾聰さん、校長先生の森川信さん、渋沢先生の冨士真奈美さんたちの、俳優としての確かな技術が加わったからこそ、『おくさまは18歳』の世界が完成したのだと思います。

実は企画書にめぐりあって出演を決めて、そろそろ撮影に入ろうという直前に、役

＊湯浅憲明監督　映画監督。代表作は『ガメラ』シリーズ。のちにテレビドラマの演出も手がける。

名「飛鳥」を「百合子」に変更すると連絡が来ました。えーっ!? な、な、なんでー!? 聞けば哲也が呼ぶ時に「ゆりっぺ」と呼ばせたいと脚本の佐々木守さんから言ってきたとか。

そ、そ、そんなぁ〜〜。私がこの作品を気に入ったのは、役名の良さも含まれてのことでしたから、断固阻止の姿勢で「変更はしないでください」と申し入れました。せっかくの「飛鳥」という役名が変わってしまったら、あまりにも残念過ぎますもの。この申し入れのおかげで、「ゆりっぺ」の呼び方は実現せず、「あっちゃん」になってしまったことで、人気脚本家の佐々木守さんが気を悪くしたかどうかは定かではありませんが、私は「飛鳥」という役名を死守したことを、正しい選択だったと思っています。

だって、飛鳥が飛鳥じゃなかったかもしれないなんて、そんなのやっぱり許せませんよねぇ。ほんと、頑張ってよかったです!

園長先生
北辰学園
園長先生の
お言葉
いいですか
いいですね
渋沢
高木
すずめ

名曲との出会い～そして『Now to Now』

ハスキーっていうか、空気が混じった弱々しい声というか、童謡の似合う声じゃなかった私が大きな声で歌うようになったのは、舞台で『ドレミの歌』を歌うことになったからです。歌の前後には芝居があって、その芝居の流れの中で歌うので、とても自然に歌えました。その後、初めてのメインソロでのナンバー『Puzzlement』を、ミュージカル『王様と私』で歌いました。演じる役でナンバーを歌うのが、私にとっての「歌」でした。

16歳の時、『月刊明星』の提案で、歌詞募集をしようということになり、あれよあれよというまに私のデビューシングルの曲が出来上がり、東芝ＥＭＩからレコードが出て、その後は数ヶ月ごとに新曲をリリースしていくことになるわけですから、自分が一番びっくりしていました。劇場のオケピットから奏でられるフルオーケストラの生の演奏で歌うのには慣れていましたが、歌手としてのレコーディングは、めちゃめちゃ苦手でした。レコード会社のレコーディングスタジオはとても立派ですが、大きな劇場の舞台空間と比べれば小っちゃい。そしてヘッドフォンから流れる演奏を聴きながら、観客席ではなく、目の前のマイクに向かって歌うことに慣れていなくて、ちっとも伸び伸びと歌うことができないんです。当時は、録音した中で使いたいフレーズを編集する時、直接ハサミで録音テープをチョキチョキと、切って貼ってつなげていました。当時のミキサーの方って職人技が要求されたんです。苦労をかけないように上手に歌わなくてはと、私も努力していましたよ。なんだか原始的な時代だったんですねぇ。

３ヶ月ごとくらいに新曲を出して、それとは別にテレビドラマの主題歌もリリースして、もちろん定期的にアルバムも制作していました。シングルはＡ面Ｂ面の２曲で、歌番組ではまずＡ面しか歌いませんから、レコードをリリースするたびにＢ面が置いてきぼりになって、レコーディングの時しか歌ったことのない曲がどんどん溜まっていきました。B面の曲もA面を目指して書かれたものですから、優劣をつけるのが難しい作品ばかり。もったいないなぁ、いい曲なのになぁ、といつも思っていました。

長く仕事をしてきましたので、『ドゥー・ユー・リメンバー・ミー』から私を知ったという世代の方もいます。その方達は、私を歌手と認識してくれているかもですね。これ以降に制作した作品は自分の音楽でのワールドを、少なからず意識しながら活動をしていた時期でした。

そういった中でのアルバム『ソー・メニー・フレンズ』が近年、二度もレコードとして新たに発売されました。80年代ポップスのサウンドを気に入っている若い世代のおかげです。この現象は、真剣に音楽やってたことは間違っていなかったと思える、たいへんうれしい出来事です。

『おくさまは18歳』や『なんたって18歳!』の主題歌が好きという人は、完全にドラマのファンで、女優の岡崎友紀が歌も歌っている、もしくは役である飛鳥ちゃんやはるかちゃんが歌っているという感じなのでしょう。そして、『私は忘れない』が好きだという方もかなり多いですね。この曲は『だから大好き！』と『小さな恋のものがたり』のドラマの中のシーンでよく歌っていたので、相乗効果だったのかもしれません。しかし、ドラマでＢＧＭに流れるならともかく、学校の帰り道のシーンで、学生服着てカバン持ちながら『私は忘れない』を歌っちゃうって、実はめちゃめちゃ抵抗ありました。

『ドゥー・ユー・リメンバー・ミー』は、加藤和彦さんと安井かずみさんの不滅の傑作と思っています。いつまで経っても古さを感じない、素晴らしいサウンドです。この曲のレコーディングでスタジオに入った時、実はまだ歌詞がありませんでした。落ち着かない様子のトノバン*のもとに、安井かずみさんから電話があり、やっと歌詞が出来上がったらしく、スタジオの壁にかかっている電話で、ＺＵＺＵ*さんから歌詞を聞きながらペンを走らせるトノバン。電話を切ると、出来立てほやほやの歌詞を譜面にはめていきます。「ちょっと歌ってみるね」と、歌詞のはまり具合を確かめるためにトノバンが歌ってくれて、それが最初に耳にした『ドゥー・ユー・リメンバー・ミー』でした。

そのトノバンの歌を、歌詞の譜割りのガイドとしてヘッドホンに流してもらい、それを聴きながら歌ったら、トノバンの歌い方が乗り移っちゃって、なんだかモノマネのような不思議な歌い方になりました。マズイマズイ、さてと、どんなニュアンスで歌おうかしらね、とプランしようと思っていたら、ガラスの向こうのトノバンがスタジオスピーカーをオンにして、「いいなぁ～！　すごくいい！　この感じでいきましょう！」と、嬉しそうなお顔してるんです。……へ？　これ、トノバンの真似……と言いたかったけど言いそびれ、結局レコーディングは大盛り上がりで終了。ディレクターたちは、不思議な声で歌った私の声が話題になるんじゃないかと、名前をYUKIにしてリリースしてはどうかとか、楽しそうに戦略を練っていましたが、私は「シマッタァ～」の後悔モード。案の定、この歌を歌うたびに、私が私の真似をしなきゃいけなくなり、苦労しつづけてます。

実は最近70歳になってから新曲をリリースしてしまいました。というのも、14歳からの親友が65歳で亡くなり、50年間、なんでも話せて支え合ってきた大切な親友を失いました。悲しくて悔しくて仕方なかったのですが、時間が経つに連れて、50年間の私たちの日々を思い返す余裕が少しずつでき、彼女が常に「今」をパーフェクトに、いつも前向きに凛として生きていたことに、思い出の中で改めて気づいたのです。そんな話を、彼女の娘と電話で喋っていたら、『Now to Now』というCDになりました。あれ？ 話を端折りすぎましたね。つまり、親友はピアニストで、その娘たちも音楽の道を進み、長女はクラシックの声楽家、次女はシンガーソングライターから今はコンポーザー＆プロデューサーとして活躍する音楽家です。その次女の神村紗希ちゃん

＊トノバン　音楽家の加藤和彦の愛称。
＊ZUZU　作詞家、訳詞家、エッセイスト、歌手である安井かずみの愛称。

作曲、そしてお母さんの親友の友紀おばちゃん作詞で、一緒にお母さんを偲ぶ作品を作ることができたのです。コーラスに長女さえちゃんと三女りさちゃんも参加してくれて、記念のライブには長女のさえちゃんと紗希ちゃんが出演して、歌も歌ってくれました。親戚ではありませんが、中学2年生のときからお母さんと仲良しの友紀おばちゃんとしては、姪っ子のような娘たちに囲まれて、こんな幸せなことはありません。

加えて、このニューアルバムには小坂明子さんが私のために新しく曲を書いてくださいました。小坂さんには1976年の『明日のスケッチ』というアルバムに、アルバムタイトル曲と、もう一曲を提供いただいていて、なんと47年もの時を経て、再び作品で繋がることができました。

今回の『きっと…』という曲は、小坂さんのメロディの奥深さに感動し、私が人生の中で一番大切にしているテーマで詞を書いた作品となっています。

ニューアルバムには全6曲が入っていて、そのうちの3曲は昔私がアルバムとしてリリースした中からピックアップしてセルフカバーで歌っています。

新曲は『Now to Now』『きっと…』そしてもう一つは、宮下英一さん作詞作曲の『Love & Peace & Smile』です。彼はあまりにも本業が多岐にわたっていて、今なんだっけか？の謎の超人なんですが、バンドを組んでドラマーとしてもライブをやって、そこに私も参加したこともあります。知識と人脈の凄さでは、私の友人の中で断然トップ。それなのに物静かで温和で頼りになる七つ年下の弟なんです。宮下クンが見てきた私の活動やオピニオンを詞と曲にしてくれました。とてもストレートな、だからこそスルドイ歌詞だと思います。

リチャード・ロジャースやアーヴィング・バーリンから始まって、たくさんの名曲と出会ってきた私。更に齢七十にして新たに若き作曲家の作品と出会え、誠に贅沢の極みの音楽人生です。

曖昧なのはやめましょう

インタビュー取材には、本当に知りたいから質問している時と、言わせたい答えは決まっているという時の、二通りがあります。で、純粋に聞きたいことがある取材は、実はほとんど無いんです。

なぜなら、インタビューをすると決めた時に、すでに掲載記事の内容を決めていることが多いので、でも勝手に書くのではなく、ちゃんと取材をして書いたという既成事実は必要ですから、インタビューをするんですね。これはテレビ番組などのインタビュー取材も同様です。

それを知っているのに取材を受けるのは、やはり持ちつ持たれつの関係で、パブリとの兼ね合いもありますので、ありがたくお受けするわけです。

初めてインタビューを受けたのは週刊朝日で、私は11歳でした。ミュージカル『王様と私』の初演で梅田コマ劇場に出演していた時です。宝塚歌劇団の演出家の巨匠、内海重典氏がインタビューしてくださいました。発売後の記事を見て、まずは写真写りが最低で自信喪失しました。って、化粧もしていない小学6年生になったばかりの子供ですから、写真写りもなにもないいんですが、なにしろ初めてのインタビュー記事だったので、自分はこんな顔に写るのかとショックだったわけです。とても褒めていただいている記事内容でしたが、私の言葉が、文字になると多少ニュアンスが違うようになるのだなぁと、知ることができました。

褒めてくださる内容でもそうなのですから、面白がったり、皮肉ったりしたい記事

週刊朝日
5月7日号
焦点にたつサイゴン日本大使館
新日本名所案内　別府　吉行淳之介
定価50円

正確な演技で清純さ生かす
「王様と私」で演じ「王子」に扮する　岡崎友紀

はじめての記事

の時は、極めて危険です。多くの取材を受けるようになって、ますます言葉に細心の注意を払うようになっていきました。でも、注意を払っても無駄なこともあります。だって一言も言っていないことを平気で書くし、録画映像なんて、編集でどんなニュアンスにでも作り変えられてしまいます。

そういえば私の若い頃には、いわゆる「トップ屋」と呼ばれる連中がいました。元々はどこかの雑誌かスポーツ誌にいた人間がフリーになって、「特ダネ」として記事を売って商売にしているのです。

私のことも、どうして父親がいないのかとか、氏素性を論《あげつら》い、「書くぞ!」と脅かされたり、「書かれたくないならカネで解決してやる」と、金銭の要求をされたりしたようです。母やマネージャーがその対応をしていて、私には伝わらないようにと気を遣ってはいましたが、テレビ局などにつきまとってくるので、気配でわかりましたね。

戦争のためにあらゆることを犠牲にしなければならず、やっと生き延びてがんばってきた人に、娘が生まれたことも芸能人にしたことも罪だと言わんばかりに脅すなんて、こんなの「正義」でも「報道」でもありません。子供の頃にジャーナリストになりたかったけど、こんなマスコミの連中を見たら、つくづくならなくてよかったと思いました。

ただの話題も、国内外で重大で重要なニュースといっしょくたにしてしまう日本のマスメディア。例えば「大谷翔平選手」の話題はいつも各局トップニュース。「大谷翔平選手とデコピン」「大谷翔平選手夫人が」「ほら大谷翔平選手に」「さあ大谷翔平選手の」と『大谷翔平』という文字の大洪水。筋金入りのベースボールファンの私ですので、大谷選手がメジャーに行く前から注目して、球場まで観戦に行ったり、長年自分のブログで応援もしまくってきた我がスーパーヒーロー……ですけれども、そんな私ですら心配になるほどの連日の大谷翔平選手一色の日本のマスメディア。

もっと報道しなくてはいけない大事なことが山ほどあるだろうに。ネットは閲覧回数や試聴時間で広告収入を、テレビは視聴率とスポンサーが全てなのでしょうが、各局とも大体横並びの同じ内容。そして近年は、民放各社のニュースで、事故や事件のたいへんシリアスな報道をしている画面に、演技がすぎるナレーションが流れます。昔の日テレ『木スペ』状態。『木スペ』は娯楽番組でしたからそうやって面白ければいいんですけど、現実に起こっている悲惨な事故や事件の報道のニュースに、コテコテな演技過剰のナレーションをつけるなんて、聞いていられないほど不快です。いつからこんなニュース番組ばかりになってしまったんでしょう？　そもそも平気でこれを許している視聴者がいるっていうのも変です。

世界で注目を集めてしまったジャニー喜多川氏の問題や、ドラマ化したテレビ制作側と原作者との間の問題では、現実に犠牲者を出してしまっていますし、大物と言われる歌手やお笑い芸人が訴えられたセクハラ問題などなど、どうもマスメディアは、きちんと向き合って報道をしている感じがしません。被害にあった人や傷つけられた人への向き合い方がわからないのかと疑いたくなります。

世界に誇る日本のアニメのほとんどは、愛と正義と平和がテーマ。なのに作品を生み出している当の日本では、正義を貫く人がいつまでたっても報われない社会だなんて情けない。マスメディアの内部から改革に乗り出してほしいです。

ジャニーさんとメリーさんとは私が15〜16歳の頃からの知り合いです。メリーさんから電話があり、お家に呼ばれて小さい頃のジュリーちゃんに会ったこともありました。ラスベガスやホノルルで、事務所のタレントたちとの旅行中だったジャニーさんに遭遇して、一緒にコンサートに連れて行ってもらったこともありましたし、ある時は都内のホテルのロビーでばったり会い、その場でジャニーさんから少年隊のミュージカルに出てほしいと言われ、快く、「オッケー！　出る出る〜」と即答で出演を決めたこともありました。ジャニーズ事務所の所属タレントの人たちとは、同じ番組に出演することも多かったですしね。

だから、こんなお子ちゃま症候群だった私でも、ジャニーズ事務所のことはぼんやりと把握できています。
つまり、テレビ局などの関係者も、レコード会社や音楽出版社も、広告代理店や新聞社や雑誌社も、マスメディア関連の人たちはみんな、私なんかより、ずっとちゃんと把握していたはず。その人たち全員、ハラスメントの判断基準を持っていなかったの？

私がSNSを更新し続けている理由は、とんでもないことを、知らない誰かに、勝手に流されるので、本人がどんな人間で、今どうしているかをしっかりお見せできるようにしておかないとという危機感から、日々アップしているんです。こんな高齢者が「スタバでお茶してますぅ〜」とか写真入りでアップしたって、喜ぶ人はあんまりいないのは分かってますけどね。ふん、ほっといて。

昔が良かったと思っていないし、今がいいとも言えない。ただ、自分の考えを伝える手段は増えていて、少しは進歩しているとは思います。

それでもまだまだ男性中心だし、何かといえば女のくせにと言われるし、男は男で男のくせにと言われ、わきまえているかどうかが問題となり、いじめは減らず、弱者は捨て置かれ、増えるのは税金の種類と高齢者ばかり。

ジャパニーズなのかニッポンジンなのかニホンジンなのか、曖昧なのが特徴の国で、「どうも～」って曖昧な言葉一つで暮らすのはやめましょう。

もっとはっきりしなくちゃ。勇気を出して曖昧をやめて、国民を苦しめる悪政や悪習を正しましょう！

やめたい性格

決まった場所へ、同じ時間に出勤して、休みの日も決まっているという仕事ではないので、私の生活リズムも不規則です。長期の舞台公演の場合は、決まった時間に始まって終わるのでわかりやすいのですが、他はほとんどバラバラですから、仕方ありません。

そんな暮らしを何十年もしてきましたから、起きるのも寝るのも、気の向くままな私です。ただ、猫さまの生活リズムを乱してはいけませんので、限度はありますけれど。

小学生の時はしょっちゅう遅刻していました。家から学校が近かったので、油断するんですよね。どうしてもギリギリでしか行動に移さないタイプだったんです。それがだんだん、舞台に出演するようになってから変わりました。準備を間に合わせないと、幕が上がってしまうから、事前の準備の時間を計算するようになったわけですね。当然遅刻なんかできないですから、時間に正確になりました。

信じられないことに、若い時は楽屋入りが30分前でも、十分間に合っていました。なんで？　どうやって間に合ってたの？と自分でもわかりませんが、時間の感じ方が違ってたのかしら？

以前聞いた話なんですが、年齢を重ねれば重ねるほど、1年が早く感じるのは、3歳なら1年は3分の1だけど、10歳なら10分の1年で3分の1年より小さくなって、30歳になれば30分の1年になるので、1年はどんどん小さくなって、生きている年数が多くなればなるほど1年が早く過ぎてしまうようになる……と。なるほどねぇ、そうだったのかぁ。

とにかく、準備をしっかりするための時間は、歳を重ねるごとに多くなってはいます。遅刻は絶対したくないので、早すぎる到着になる場合も多いです。昔、若いマネージャーが飲ん兵衛のお嬢ちゃんで、朝に弱くてしょっちゅう遅刻してました。寝坊したのがマネージャーだと思わないものだから、いつも私が遅刻の原因と思われて、濡れ衣状態でしたね。演じる役の多くが三枚目的なもので、私のことをだらしない人間だろうと決めてかかる人も多いのですが、それはとんでもない誤解です。

舞台の子役時代から、礼儀正しく、人さまに迷惑をかけないことを肝に銘じながら仕事をしてきましたので、いい加減なことはできません。

ふと思い出したんですが、青山劇場で少年隊のミュージカルに出演していた時でした。楽屋の廊下で、D氏と出くわしたんです。この人、私が8歳の時に新宿コマ劇場の演出部にいた方で、初舞台の時から存じ上げているんですが、それ以来と言っていいくらい久しぶりの出会いでした。なんだか私を見る目が尋常じゃない感じで、話を聞いてもらいたいと言われました。

今の公演があと数日で千秋楽を迎えるのですが、その後の1週間だけ、同じ青山劇場で子供ミュージカルの公演があるとか。ところが主演の子が病気で倒れて困っているというのです。D氏はそのプロデューサーなんだそうで、そりゃ、大変ね、と同情して差し上げたら、「友紀ちゃん、助けてください！」と言うじゃありませんか。倒れた女の子の役を演じてもらえないかと言うんです。オペラのバリトンのベテランがもう一人の主役で、演出は竹邑類。あちゃ、竹邑類さんは私が10歳でピーターパンを演じた舞台で、ピーターという芸名でダンサーで出ていたし、その後ミュージカル『屋根の上のヴァイオリン弾き』の初演のヴァイオリン弾き役で出演していたから、久々に共演してたし、子供の頃からの旧知の知り合いなんです。ピーターもきっと困り果ててるんだろうなぁ。かわいそうに。でもねえ、私にだって都合ってもんがあるし、

『屋根の上のヴァイオリン弾き』の楽屋

いくら子供用のミュージカルとはいえ、すでに出来上がっている作品に、私だけたった二日の稽古で参加して幕を上げるなんて、とんでもないことでしょう？　それも、私が望んでもいない少女みたいな主人公を、無理やり演じてほしいって言われても、困っちゃうのよねぇ。

この日も翌日も、Ｄ氏は私の楽屋に入り浸って土下座状態。そのしつこさに押し切られる形で、結局仕方なく「同情出演」を承諾して差し上げました。本当に二日の稽古でしたが、一旦引き受けたら、必ず責任を果たすのが私。

１週間の子供ミュージカルの公演は無事に観客にお楽しみいただきました。めでたしめでたし。ところが！　新聞には私が「代役に抜擢」とか書かれて、失礼千万な扱いをされ、その上、倒れて穴を開けた女の子ちゃんの所属する大手プロダクションからも、そして本人からも、未だ、一言の感謝の言葉もありません。やれやれ。同情なんて、するもんじゃありませんね。

失礼！　めちゃめちゃ話が脱線しました。言いたいのは、同情しちゃダメということじゃあなくて、私の責任感が半端ないってことなんです。

　ほんと、イヤになるんです、この性格。もっとプータラ、いい加減な人間になりたい！　自分が頑張れば、自分が我慢すれば、自分が代わってあげれば、自分がこっそり去ってあげれば、というおバカな思いやりの精神が、私の弱点なんです。嫌なことが起こるのは、その思いやりを踏み躙る人間が次々現れちゃうからで、そう考えると、私が変われば良いんじゃない？って思うんです。周りから信用してもらえるのは良いことなんですが、信頼されて、頼られて、しまいにドサッと倒されちゃうから困るんですよ。

　私の理想は、「のんき」「気にしない」「無責任」。これ、憧れるぅ〜〜〜。

無責任になりたい

でもね、トーストに塗るバターは四隅までびっしり塗らないと気持ち悪いし、コンセントからコードを抜く時は絶対電源プラグを持って抜かないとビビるし、フロアの木目に合わせてまっすぐに家具が揃わないと気になって仕方ないし、掃除を終えた掃除機の中のゴミが透明の部分から見えているのは耐えられないから速攻で捨てるし、「よろしかったですか?」という言葉を聞くたびにいまだにイラッとしてしまうし、リハビリの病院で理学療法士の先生たちが、毎回口々に放つ「お大事にどーぞ〜」という居酒屋風の軽〜い挨拶に、「どうぞお大事に、だろ」と心でつぶやいてしまうし、あぁ〜〜〜、いちいちカキコキまっ四角な、この性格をやめたいのよ。

衣裳も自分で考えていました

今はどの仕事場にも「スタイリスト」がいて、条件にあった服や小物を用意してくれますけど、そういう職業が無かった時代から仕事をしている私ですし、舞台出身者としての「自分のことは自分で」という癖がついているので、歌手で出演の時も、毎週の歌番組の司会の時の衣裳も、いつも自分で考えて用意していました。

NTV『紅白歌のベストテン』（'74〜）の紅組キャプテンとして、堺正章さんと二人で、まる5年、毎週月曜日の夜8時から1時間の公開生放送で司会を務めていましたが、このときの衣裳も毎回全て、自分で考えて用意していました。

ヒット曲を歌う歌手の人たちと並んで調和のとれる服、そして白組キャプテンの堺正章さんと並んだ時に、違和感のない服を着なくてはなりません。よくぞ毎週毎週、ゴールデンタイムの司会者としての衣裳を自前で調達していたものだと、今更ながら感心してしまいます。

ですが、毎週続いた5年の間、実はマチャアキさんとは一度も次の回に着る衣裳の打ち合わせをしたことはありませんでした。

でも、不思議に毎回、二人の衣裳のニュアンスはピタッと合っていました。モノトーンのコーディネイトだったり、ちょっとカジュアル系スタイルだったり、まるでちゃんと打ち合わせしたかのようなマッチの仕方でした。お互いの本番用の衣裳がわかるのは、本番直前のスタッフを交えて行う最終確認の時なので、毎週その時に「今日もハモっていてよかった〜」と、ホッとしていたことを思い出します。

司会の時の衣裳と言えば、TBS『ヤング720』（'69〜'70）では、毎回無地のTシャツやトレーナーに自分でイラストを描いて衣裳にしていたことを思い出します。

本番直前に、控え室で下描きもせずに、即興でイラストを描いていたんですが、あの

Tシャツやトレーナー、どこに消えちゃったのかしら？　なにしろそのイラストは、のちにファンの少年少女たちに親しまれた「星くずぼうや」というキャラクターの原型だったので、もしどこかに写真とかが残っていたらいいなぁと思います。でも、55年も昔の話なので、探せたら奇跡ですね。

ＮＴＶ『紅白歌のベストテン』よりもっと以前の１９６９年から、凡そ3年ほど、ＮＨＫで、『おたのしみグランドホール』というゴールデンタイムの１時間のバラエティの司会を務めていました。勿論、毎回の衣裳は自前です。

テレビ映画のレギュラーも持っていて、そのために撮影所やロケ現場のスケジュールが詰まっていたり、スタジオドラマのレギュラーや、クイズ番組の回答者のレギュラーや、高校に行く時間も必要でしたから、のんびり洋服を買いに行く時間もあまりなかった気がするんですが、どうやって毎週毎週新しい衣裳を用意していたのかしら？　ドレスではなく、でも華やかな番組の司会者らしい服、という難しい選択基準で、頑張って毎回用意していたのでしょうねぇ。記憶がぼんやりで、なんだか他人事みたいですみません。

この番組は、毎週月曜の夜8時から1時間。オープニングは私の『8時でーーーす！』という第一声から始まる、NHKホールからの生放送でした。当時は現在のNHKホールはまだ完成していなくて、千代田区田村町のランドマークのような建物の中にある旧NHKホールで、そこに観客を入れての生放送。生方恵一アナウンサーと父娘風コンビで、歌ありクイズありコントありの、盛りだくさんのバラエティでした。この番組内のコーナーに、後の『連想ゲーム』の原型となったクイズがあって、遠藤周作さんや、佐藤愛子さんという文豪もゲストでご出演になっていました。

歌のゲストも毎週たくさん出演していました。美空ひばりさんに初めてお目にかかったのもこの番組です。勝新太郎さんがゲストだった時は、なんだか時代劇のコントみたいなのがあって、そのシーンのリハーサルの時、私が手甲脚半の旅姿の娘の衣裳を着て立っていましたら、勝さんが横に来られて、「あんた、日舞やってるね」と声をかけてくださいました。立ってただけでお分かりになる勝さん、さすがでございます。

勝さんにはその後、中村玉緒さんと名古屋で『祇園の男』という芝居をご一緒した際にお会いしました。その日の玉緒さんはなんだかウキウキとしていて、「今日はパパさんが観に来てくれはりますねん」と嬉しそうでした。開演と同時に、勝さんは花道の揚幕から、静かにご覧になっていました。終演後、宿泊先のホテルに戻ると、ちょうどロビーに勝さんと玉緒さんがいらして、そこで勝さんから「とってもよかったよ。ただ一箇所だけ、あそこの芝居はね……」と、私の出演場面の動きやセリフまで、細かくアドヴァイスをいただいたのです。えーっ⁉　たった一度、揚幕から観ただけなのに、なんて細かいところまで覚えているのでしょう。

驚きながらもありがたく、アドヴァイスをうかがっていると、ホテルの黒服の方が私と勝さんの間をうろうろひょこひょこ行ったり来たりするんです。見ると、手には大きなガラスの灰皿が。それをささげ持ちながら、勝さんが私にああしてこうしてと熱のこもったアドヴァイスをなさる手の動きにあわせて、その手に持っているタバコからの灰がロビーの絨毯に落っこちないように、必死にキャッチしてたんです。「ここで吸わないでくれ」と言えなかったのか、はたまた言っても無駄だからか、まるでコントみたいな光景でした。

話が大きく脱線しちゃいましたね。失礼しました。こうして昔話をしていると、余計なことがどんどん思い出されて。普段は忘れていることも、連鎖のようにひょっこり場面が蘇るんですよね。

『おたのしみグランドホール』では、生方恵一アナウンサーに大変可愛がっていただきました。しっかり支えていただいたおかげで、毎週のびのびと司会役を務めることができました。

生方さんには、この番組でお会いする2年前に、NHK大阪局でのインタビュー番組でお目にかかっています。『あねいもうと』（参照）の放送が始まる際の番宣番組があり、その当時大阪局にいらした生方アナがインタビュアーで進行してくださったのです。その収録後に生方さんが、温かい激励のメッセージと共に、サン＝テグジュペリの『星の王子さま』の本を私に贈ってくださいました。読んではまた読み返し、また読んでは、なんて素晴らしい本なのだろうと感動し、『星の王子さま』は私にとっての聖書のような存在になりました。こんな大切なことがいっぱい詰まった本を贈ってくださった生方恵一アナウンサーには、心から感謝です。そして生方さんも、２年前『星の王子さま』を贈った14歳の私が、一緒に司会をする相手に成長したことを、心から喜んでくださっていました。

そういえば『星の王子さま』の映画が封切られた時、楽しみに映画館に行きました。飛行機を操縦するパイロットがスクリーンに映し出され、まだ始まって数十秒のところで、もう胸がいっぱいになって、泣きじゃくってしまうほど涙が溢れて、ふと周りを見るとそんな人はダ～レもおらず、映画館中で私一人だけテンションが異次元だったことを思い出します。たった一人でオイオイ泣いていて、めちゃめちゃ恥ずかしかったけれど、それほど、私にとっての『星の王子さま』は、大切で愛おしい作品なんです。

3章　少しでも「健康」でいられるように

お医者さまコワい症候群

お医者さまコワい症候群なもので、なるべく病気にならないようにしています……って、できるかい、そんな器用なことっ……てツッコまれそうですね。誰だって健康が一番ですから、気合いだけで元気で生きられればうれしいけど、そうもいきません。

私はおチビの頃は、風邪引きさんで幼稚園も小学校も、たくさんお休みしてました。母が心配性すぎて、冬に厚着をさせていたのがいけなかったんじゃないかと思います。麻疹《はしか》、おたふく風邪、水疱瘡、などの、子供がかかっておいた方が良さそうな流行りものは全部かかってクリア済み。扁桃腺は腫れたことが無く、盲腸は一度も炎症を起こしていません。

小学6年生の頃に中耳炎になりましたが、おかげさまで大人になってからスキューバダイビングで20メートル潜っても無事だったので問題はなさそう。こうして大病を経験せずに成長してこれました。

寝不足続きで疲れが溜まり、いつの間にか首や肩の凝りがひどくなって歯が痛くなって、ということはよくありました。私って、どういうわけか肩が凝っていることを感じないタイプなので、度を越した時、違うところに危険を知らせる症状が出るのかもしれません。舞台でも撮影でも、鬘《かつら》がうまく合わないまま長時間被って、それが首や肩に伝わり、歯が痛くなって顔が腫れてしまったことは何度かあります。

50歳を超えた頃、首が凝っている感じがして、バスタイムの時、湯船に浸かりながら自分で、凝っているところをグリグリと指圧したのが原因で、とんでもない状態になったことがあります。凝りをほぐしたつもりが、だんだん頭痛がひどくなって、痛くて痛くて我慢できないほどになったんです。

少しでも頭が傾くと、ガンガンガン！と割れるような頭痛。だから、静かに休もうにも、横になることができないのです。壁に背中をまっすぐにつけて足を投げ出し、直角になったまま動かずに、わずかに仮眠をとることしかできません。

病院に行って診てもらっても原因がわからず、若いドクターから「おトシのせいで」とか言われて、痛み止めの薬を処方されるだけ。

その痛み止めのお薬も、6時間ごとにと言われているものが、どんどん効かなくなって、しょっちゅう飲まないといられなくなり、この時はほんとうに「わたし、このまま死ぬのかしら……」と、辛すぎる痛みに苦しみました。その時、友人が「ゴッドハンド」を紹介してくれました。もう、藁にも縋る思いで訪ね、診ていただきましたら、『頭蓋骨の左半分が下にズレている』というのです。え？　頭蓋骨ってズレるの⁉

……なるほど……確かに頭痛の発端は、左側の頭部と首の境目のところの筋をグリグリ自分でマッサージしたからで、そこに違和感があったということは、ゴッドハンドの先生がおっしゃる通りかもしれません。

治療はとても静かなもので、トリャーッとかエイッとかいう荒療治はゼロ。少し拍子抜けするくらいでしたが、先生の「もう大丈夫」というお言葉を信じて帰宅しました。まだ痛みは続いていて、仕方無く壁に背中をつけて直角になって休んでいましたら、……ん？　あらら？　痛みのポイントが少しずつ移動している感じがします。なんだコレ？　徐々にそのポイントは首から肩へ、肩から腕へと移動していきます。そして、手の先まで降りてきたかと思うと、な、な、なんということでしょうー！　その痛みのポイントが、ポイッ！と指先から抜け落ちたではありませんかっ⁉

ほんとにほんとに、その瞬間から、痛みが消えたんです！　もう、嬉しくて嬉しくて、泣きべそ状態でした。紹介してくれた友人には、今も足を向けて寝られませんし、ゴッドハンドの先生には、深く深く感謝しています。私もその後、プロ野球選手など何人かの辛い症状の人には、こちらのゴッドハンドの先生を紹介させていただきました。

この「頭蓋骨半分移動頭痛」（勝手につけてる病名です）によって、いくら凝っているからといって、勝手に素人療法を施すのは危険だということを痛感しました。みなさんも気をつけてくださいね。

もう一つ、ちょっとびっくりした経験があります。四十代の頃、蕁麻疹で体中が痒くて、病院に行きました。アレルギーだということで、その原因を調べたところ、市販の鎮痛剤が原因だったことがわかりました。私、ピリン系はアレルギーの反応が出るらしいのです。

私の母が若い頃に、病院でペニシリンの注射を打たれて、のたうち回るほどの苦しい副作用で死にかけたと言っていましたので、その体質が娘に遺伝しているのかもしれません。一時期、偏頭痛のような症状が時々あって、普段薬を滅多に飲まない私が、全く気にせず鎮痛剤を購入して飲んでしまったんですが、それが「ピリン系」だったみたい。

アレルギーに悩む

薬を購入する際には、効能書きなどをしっかり読まなくちゃですが、その前にまず、自分が何に対してアレルギーなのかを知っていないといけないわけで、それって結構難しいですよね。

アレルギーといえば、10年ほど前から「アレルギー性鼻炎」の症状に悩まされています。でも、ゴルフ場に行って、杉や松の花粉がバホ〜ッと舞い散っている中にいても全然平気なので、多分それ以外の何か……例えば稲とかぶた草とか、原因はまだ調べきれていないんですが、とにかく、その日にならないと症状が出るかどうかがわかりませんし、それがひどい症状かそうでもないのかも、その時にならないとわからないんです。透明な鼻水とクシャミ、そして目が痒くてたまりません。目薬をさして、ティッシュ箱抱えて涙を拭いたり鼻をかんだり、忙しいったらありません。もちろん薬を飲めば大丈夫。ただ、症状が出るか出ないかわからない時点で飲むのは嫌なので、キター！となってから飲むことにしています。

お薬で鼻水が止まるとホッとしますね。なにしろ、普段お薬をあまり飲まないものでで、いざという時にはバッチリ効いてくれてありがたいです。でも、鼻炎のお薬を飲むと、どうしてもモワーンとするので、なるべく飲まないで済めばいいなと思っています。

元気だ！　健康だ！　と言いながらも、70年の間には私もいろいろありました。変形性股関節症のように、気合いやストレッチじゃなんともならない故障もあるし、完璧な予防をするのって難しすぎます。

とにかく、健康でいられるように、自分なりの努力をするっきゃありません。まずは、今日という日に感謝して生きていく！　これがなによりシンプルでナチュラルで、一番良さそうな気がします……よね？

なんたって友紀流簡単すぎる健康法

・『朝サラダ』
必ずじゃなくていいんです。食べたいと思う朝にいただく感じです。無理のない分量で、好きなドレッシングで食べます。

お野菜の種類は、緑の葉っぱ類、マッシュルーム、をメインに、にんじん、玉ねぎ、きゅうり、コーン、オリーブ、など、季節と気分によって選びます。

・『バナナ』
これも必ず毎日というわけではありません。まだ首元が青いものを探して、ダイニングに吊るしておきます。すこ〜しソバカスが出てきたところでいただきます。丸齧りもいいですが、小さく一口サイズに切って、断面からトロ〜ンと蜜が滲み出てくると、より甘さを感じるので、この食べ方が好きです。

・『リハビリの体操*』
股関節の手術後のリハビリの時にアドヴァイスをいただいたことを念頭におきながら、歩けなかったり動かせなかったことで、長年使うことができず、すっかり衰えてしまっていた箇所の筋肉を、少しずつ回復させていくための動きを心がけています。

・『あれこれ薬品に頼らない』
お医者様にもお薬にも、頼らなくてはならない時はありますが、それまではできる限り頼り過ぎないでいたいと考えています。ですので、揺らぐ心を抑えて、サプリメント類も口にしません。

・『コーヒー*とお菓子*』
3歳頃から飲んできたコーヒーは、私の一番の飲料。いれ方や豆にはこだわりはありません。コーヒーの香りが、リラックスの香り。お菓子も甘いもの、しょっぱいもの、辛いものを取り揃えておけば安心。チョコレートとアイスクリームもね。

・『なるべく三食は食べない』

専門家の先生と違うこと言って申しわけないんですが、毎日きちっと時間通りの生活ができない環境で暮らし続けてきたので、いつだってケースバイケースの食事のとり方でした。ガッツリ3食食べると、重くなっちゃってぼんやりします。軽快に一日を過ごすためには、1・5食か2食までが理想。時間は仕事に合わせて考えます。

・『忘れちゃう』

＊私の体操が誰にでもあてはまるかの責任は持てないので、サンプル動画や解説付きの写真などは控えます。各自、信頼する専門家にご相談を。
＊体に悪いと思う人は、真似しないでね。
＊お菓子などは必ず原材料の欄をチェックしてから購入します。

辛いこと、悔しいこと、許せないこと、タラレバなこと、なかなか消えてくれませんが、多過ぎて心にしまっておく場所に困ります。だから「忘れ箱」に捨てます。これも「断捨離」ですね。

・『熟睡』
夢も見ないでぐっすり眠ります。（見ていても起きたら忘れてるみたい）
眠れないということはまずありません。もし眠れなければ「ようし、絶対眠るもんか！」と決心します。するといつのまにか寝てます。眠れないとお悩みの方、お試しください。（効き目の保証はできませんが）

・『ありがとうのしあわせ』
道端で出会った瀕死の子猫ちゃん　私の娘になってくれて＝ありがとう
地域で暮らす自由猫さん　うちの子になる決心をしてくれて＝ありがとう
勝手につけた名前をちゃんと覚えて　お返事してくれて＝ありがとう

みんなをママ（私）の可愛い子供達と思うしあわせを＝ありがとう
みんなのお世話をすることがどんなに幸せかを気づかせてくれて＝ありがとう
大好きって思う幸せを＝ありがとう
いつもいつも一瞬も嘘のない愛を＝ありがとう
猫さん、犬さん、鳥さん、そして全部の生き物さんから教えられることの、なんと多いことか。私の心はその宝ものでいっぱい。だからいつも、元気でいられるのだと思います。

うっかり忘れた人間ドック

小さい頃は風邪引いてばかりだった私。お友達にうつしてはいけないと、学校もよく休んでいました。家だって着るものだって、今と違ってずいぶん寒かったから、心配性だった母は私に、下着を三枚重ねで着せて、その上にシャツやセーターを重ねて、モッコモコのゆっこちゃんいっちょあがり〜な冬対策だったみたいで、これが逆に風邪をひきやすい、ひ弱な子供にしていたのかもしれません。

千代田区立富士見幼稚園から千代田区立富士見小学校に通い、東京大神宮の目と鼻の先に住んでいました。近くには警察病院があって、ランドマークな建物だったのを記憶しています。

そこの小児科の先生が、我が家から30秒のところの古くからの医院を開院されているお医者さまで、風邪をひくと、一番近いのでその須藤医院に行っていました。須藤先生は、注射を絶対打たない優しいお医者様なので安心でした。私、注射が大の苦手だったんです。

風邪ひきゆっこちゃんは8歳での初舞台以降、休むことはできないのだという責任感が芽生えたおかげか、風邪をひくことも少なくなりましたが、過密スケジュールの真っ只中で、1日だけ入院したことがありました。

確かあれはTBS『ラブラブ・ライバル』の撮影中のこと。東京都府中市中河原の大映テレビの撮影所で、いつものように撮影をしていましたが、やたらと頭が重い。大きな鉄鍋を頭に被っているような感じで、頭を支えきれずに首はぐらぐら、足元もふらつきます。そんな私の様子をスタッフがおかしいと気づき、とにかく病院に連れて行くことにしました。病院に着いてお医者さまの診断を受け、このままでは肺炎になってしまうというので、即刻入院となったわけです。生まれて初めての入院でしたが、ぐっすりゆっくり睡眠時間をもらえて、なんだか幸せな気分で、ひたすらグースカピースカ眠りこけていた記憶があります。

撮影所のエリアに詳しいスタッフがこの病院を選んで連れて行ってくれたそうですが、産婦人科が有名な病院らしく、そのせいで「岡崎友紀が妊娠したらしいぞ」と騒がれました。まったくマスコミのおっちょこちょいには付き合いきれませんねぇ。


今から十数年前、インフルエンザが大流行りしていて、歌のゲストで出演していた会館でうつされたみたいで、あっという間に高熱が出てしまいました。

それでも『私は熱には強い』と自分に言い聞かせて、気合いで治るつもりだったんですが、そうもいかないくらい辛くなってきて、仕方なく近所の医院に行ったら、すぐに救急車を呼ばれて総合病院に入院。「肺炎の危険」と診断されました。

熱が出ているのに我慢しちゃうのは、〝注射が怖い〟からかも……？　でも、こう何度も「肺炎の危険」に直面するとは、我慢もほどほどにしなくてはと、さすがに反省です。ありがたいことに回復が早く、2泊入院しただけで帰宅できました。

以前NTV『午後は○○おもいッきりテレビ』に出演している時、本番直前の打ち合わせ室で、ゲスト同士で人間ドックの話題になったことがありました。それぞれ、自分の数値のことや、バリウムのことや、かかりつけの病院の食事やサービスなどの情報などで盛り上がっていましたが、私が「人間ドック、やったことない」と言うとみんなビックリ仰天。どうやら、普通は定期的にやるものなんですね。ゲスト出演者のお一人である大島渚監督が「岡崎さんは野蛮人だなぁ～」とおっしゃったので、みんなで大笑いとなりました。

母の影響で、病院には滅多にお世話にならない人間なので、ま、当然と言えば当然ですが、実際、健康診断とか人間ドックというものは、一度も経験がありません。ただ、おかげさまでというかなんというか、風邪で熱を出したり、市販のピリン系の頭痛薬を飲んで蕁麻疹が出て、痒みが止まらないので病院に行ってアレルギーだと分かったり、という感じで、お医者さまに診ていただくチャンス（?）ができて、その時に採血やら何やらのいろいろな検査をして、異常なしの結果をいただくものですから、「よかったよかった」なんて言いながら、ついつい忙しさにかまけて「人間ドック」に行きそびれてしまっていたんですよね。

股関節が痛み、足がどんどん動かなくなってきてからは、もう人生終わりかと悲観的にもなりかけましたが、変形性股関節症の診断のもと、両脚とも人工股関節置換術を受け、ボロボロだった自分の股関節から、新品の人工股関節に取り替えたおかげで、ほとんどの普通の動作が可能になって、ほぼ、若い頃と同じ動き方ができる体に戻りました。

ほぼ、という言葉を使っているのは、NGの動きもいくつかあるからなんです。正座と横座りは禁止。絶対に転んではいけない。しゃがむ時はお相撲さんとか野球のキャッチャーのように足を開いて……これ、めちゃ難しい〜……など、脱臼をしないためのNGがあるからなんです。

健常者と同じ動きに戻れて、一見元気そうには見えますが、しっかり注意も必要なんですよね。

今回の「人工股関節置換術」はロボットによる最新の方法でしたし、ありがたい安全な麻酔によって、手術中もその前後にも、痛みを感じることはありませんでした。医療の進歩って素晴らしい！　とはいえ、肉体はどんどん使い古しになっていきます。人工股関節みたいに、新品と交換できるところばかりならいいのだけど、そうもいかないでしょうし、いくら気をつけると言っても限界はありますよね。

なので……とにかく、この地球に生息する生物として、少しでも健康でいる日々が続くことを願いながら、「今」を大切に生きていくってことが、最善なのだろうと思っています。

部品交換しました!

私の股関節は、両脚とも人工股関節です。六十代最後の年に人工股関節置換術を受けました。手術後は、それまでの辛かった日々が嘘のように、サクサク歩ける、足がらくに上がる、床から簡単にものを拾える、ソックスはける、足の爪切れる、天井を見ながら真っ直ぐ寝られる、などなど快適な日々を過ごしています。

足に不具合を感じ始めたのは、四十代の頃でした。車の運転をしながら、信号待ちで足の位置を変えると、〝パッキーン!〟と股関節あたりで音がして、なんだかそのへんに溜まっていたらしい疲れがスッキリ解放されるような、そんな気がして、その音を楽しんでいたくらいなんです。でも、これって股関節にとって、よくない前兆だったのだろうと、後々思うようになりました。

4歳からモダンバレエを始め、その後クラシックバレエ、ジャズダンス、タップに日舞と、踊り続けて来ましたから、身体は柔軟で、筋力も自信があります。そう言えば若い頃の主演シリーズでは、毎回走っているシーンが多かったので、ヒールを履いた足元で、階段や坂道をよく走っていました。健康でしたし、体力もあったので、特に何も心配していませんでした。

しかし、じんわりとちょっとずつ、足の動きに不都合が出るようになります。例えば、バレエを踊る時に、どうしても振り付け通りの角度に足がキープできなくなるとか、足の動きをコントロールすることに不自由を覚えるようになってきたのです。

身体のためには寝床は硬い方が良いと言われれば、板の上で眠るようにしました。でもこれ、はっきり言ってますます痛くなりました。ほんとに良かったのかしらね？これがいい、あれが効く、と親切に教えてくださる方の情報に、素直に耳を傾ければ傾けるほど、結局ブイブイ振り回されてしまうことになって、どれがどう良いのかわからなくなっていました。

その後も、ミュージカルでダンスシーンがあれば張り切って踊り、振り付けの仕事も喜んで請け負って、痛みや不具合には目を背けたまま、時間が過ぎて行きました。

ゴルフもやっていました。歩くのは辛いから乗用カートに乗って、カート道付近を狙って打っていました。これならカートを降りてすぐ次のショットを打てるのでＯＫ。ナイスショットのはずのフェアウェイセンターにボールが行くと「大失敗～！」と嘆き、フェアウェイから遠く離れたカート道近くにボールが行けば「やったー！」と喜ぶ、おかしなゴルファーやってました。

日々の生活にも次々影響が出ます。歩幅がどんどん小さくなり、足を上げることも困難になるので、ほんの数センチの段差にもつまずくし、ソックスの脱ぎ履きにも苦労し、ジーンズに脚を通すだけでも、気が遠くなりそうなほど苦労します。足を曲げたくても曲がらないので、爪はどんどん遠くなって届かなくなり、床は遥か彼方の場所となります。

数年前、講演に伺った先で、お話が終わった後に会場のお客様からの質問に答えるコーナーで、進行役の方が客席に降りる際、私が質問に答えるため用のマイクをステージの床に置かれたので、それを自分で拾おうとしたら、あらら……目の前のホール内の風景がグルルーンと大回転して、私の体は凡そ2メートルの高さのステージから、真っ逆さまに落下。お客様が全員女性でしたので、「きゃーーーっ」という華やかなる悲鳴が会場いっぱいに響き渡りました。裸足の場合は、脚を伸ばしたまま上半身だけを折り曲げて地面にあるものを拾えるので、この時もお辞儀をするような動きで、上半身を地面に向かって折り曲げたんですが、この日は講演用の服に合わせて少しだけヒールのついたパンプスを履いていたものだから、地面との距離の計算が狂ってしまい、マイクを取ろうとして手を伸ばしたものの、足の方の踏ん張りがききされずバランスを崩してしまい、そのまま一回転してステージから落っこちちゃったんです。客席の皆さんは、私が頭を打ったと思って心配してくださいましたが、おかげさまでどこも打つこと無く、無傷でシャキンと立ち上がってにっこり笑って「大丈夫で～す！」と安心していただきました。

この時はラッキーにも無傷で済みましたが、一つ間違えれば大変な怪我を負っていたかもしれません。とにかく、足の不具合は日を追ってひどくなるばかりでしたので、少しずつ人工股関節の手術を受けた人たちの情報もリサーチしていました。でも、相当個人差があるようで、成功した話と失敗だったという話との両方が耳に入り、なかなか決断ができないまま、我慢を続けていました。

激励のつもりだとは思いますが、「怠けているから筋肉が衰えるんだ」「毎日たくさん歩きなさい」「ヨタヨタ歩いてちゃダメですよ」などと、ファンからはっぱをかけられることもしばしば。私自身も必死ですので、ヨガまでやったりもしていましたが、どうにも足が動かなくなり、このままでは動けない老人になってしまうという恐怖にかられ、人工股関節の手術しかないという結論に達しました。

専門医の診断は「変形性股関節症」。それもかなりひどい状態でした。

初めてレントゲン写真で自分の股関節を見て、なぜ歩けなかったのかがよくわかりました。丸いはずの股関節の先端が四角くなってしまって、骨盤にぶつかっています。見るからに痛そうだし、これじゃ回転しないから、足が動かないはずです。こんな状態なのに必死で歩いたりヨガやっていたのかと思うとゾッとしました。

「運動しないから筋肉が衰えている」のではなく、骨が削れて、関節の仕事ができない状態だったんです。それも、両脚とも。もし無理を続けていたら、骨が壊滅して取り返しのつかないことになったかもしれません。

もっと早く決断すればよかったのですが、長い時間経過の中で、徐々に悪化していったので、自分では「気合」でなんとかできると思ったり、痛みに慣れながら進行していたせいで、うまく我慢ができてしまって、なかなか手術に辿りつけませんでした。自分としては、股関節部分の軟骨の摩耗なのでは？という素人考えでいたけれど、軟骨どころではなかったのですね。

手術はぐっすり眠っている間に終わりました。ありがたいことに、術後、痛いと思ったことは一瞬もありませんでした。手術の翌日からリハビリが始まり、車椅子から歩行器、そして両手でステッキを持っての歩行、その後片手でとなり、めでたく退院となります。退院後もリハビリを続け、大事な筋肉をつけていきます。特に私は、長年歩行困難だったり、まっすぐ寝ることができなかったりという状態が続いていて、運動に使う筋肉がすっかり衰えてしまっていたので、動けるようになった足の周りの筋肉を呼び覚まし、復活させる必要がありました。何十年もバレエと付き合ってきた私にとって、柔軟やストレッチはお手のものと自負していましたので、リハビリなんて簡単簡単……と思っていましたが、大きな勘違いでした。実は全然違うものなのだということを知り、とても勉強になりました。

こうして両脚が普通に動くようになり、サクサク歩くこともできるようになり、当たり前の動きができることの喜びを噛み締めながら過ごしています。長い階段も、おかげさまで体力的に良好ですので息もあがらず、足がしっかり動くので軽やかに昇り降りができますし、ほんとうに人工股関節の手術をしてよかった！と思います。自分の体の中のパーツが、新品に部品交換されて、そのおかげでたくさんの動きが蘇りました！

私がそうだったように、動かない脚で苦しんでいる方には、是非手術をすることをお勧めしたい気持ちです。

ただ、個々の骨格や体質も違うので、全て同じ結果になるかどうかは保証の限りでは無いので、担当医としっかり相談して決めてくださいね。

勘とフィーリングの食生活

グルメな友人もいますし、星の数の多いレストランにもいろいろ行きましたし、旅先の国々の「美味しい料理」に出会うチャンスにも恵まれてきました。でも、私自身は全然グルメじゃないんです。

だって「世界が明日終わるという最後の晩餐に選ぶ料理は？」なんて質問をされた時、私の頭には「焼きそば」「オムライス」「カレーうどん」「フライドポテト」みたいな、あまり『ご馳走』のイメージじゃないものばかりが浮かびますもの。

近年は、家からそう遠くない場所に、農家から直送の野菜が豊富なお店があるので、そこに新鮮なお野菜を買いに行くのが楽しみになっています。

お野菜中心のメニューは、身体のために心がけた方がいいかなと思っていますので。

ただ、「食べなくてはいけないから食べる」というよりは、「食べたいから食べる」派です。店頭に並んだお野菜を見て、ピンときたものをチョイスしています。

正解なのかどうかはわからないけど、食べたいと思うものは、その時の自分に必要だからそう感じるのではないかと思っているんです。

確かあれは、ＮＨＫ『あねいもうと』の収録のために大阪に暮らしていたある日のことです。

朝、目覚めた瞬間に、「ピーマンが食べたい！」と口走った私。ピーマンは嫌いなのに、何を言ってるんだと母がビックリ。

それでも私は、起きぬけにひたすら「ピーマンが食べたい！　刻んでケチャップかけて食べる！」と言い続けたんです。なんで大嫌いだったのに、こんなことを起きぬけに叫んだのかしら？　夢を見たのかしら？

その辺の記憶はないんですが、とにかくその日、宣言通りにピーマンを生で食べ、なんて美味しいんだと感動しました。きっとピーマンに含まれている成分を、私の体がどうしても必要としていたんでしょうね。

その日以来、ピーマン大好きな私になりました。


ある日突然好きになったといえば、中学一年の時、学校の正門の前にある小さな文房具店で、なぜか店の端っこで少しだけパンも売っていて、ふとそのガラスケースの中にあった、生クリーム入りのパンを買いました。

お弁当を持ってこなかった日で、途中のパン屋さんでも買いそびれて、学校に着く直前に仕方なく買ったんですが、私、生クリームって好きじゃなかったんです。なのに、何故か急に食べてみたくなって買いました。で、昼休み、その生クリームパンを食べたら、めっちゃめちゃ美味しくて、目がハートになりました。こんな美味しいものがあったとは！　感動でした。以来、生クリームをこよなく愛する乙女になったのです。

生クリームが私の体に必要な成分だったかは謎ですが、お菓子とコーヒーは私には欠かせません。コーヒーは3歳から飲んでます。

それ、早すぎですよね。でも、ほんとなんです。3歳の時は浅草に暮らしていて、母は来客があると私を連れて、近くの喫茶店によく行ってました。そこで、大人とおんなじコーヒーを飲んでたわけです。母親がそれを何故止めなかったのか聞きそびれましたが、その歳から飲んでいても、なんとか無事70歳になりましたんで大丈夫だったんでしょう。コーヒーに小皿でのピーナッツがついてくるのを覚えてますけど、コーヒー自体の味を美味しいと思っていたかどうかは、はっきりした記憶はありません。

でも、喫茶店のコーヒーの香りは、なんとなく故郷の香りという気がするので、生意気にも3歳にして違いがわかるチビっ子だったのかも(汗)。

子供の頃より今の方が、断然お菓子に依存してます。甘いもの系のクッキーやグミやチョコレートはかならず揃えてありますし、しょっぱい系のポテチやお煎餅なども常備しています。プラス、ハングル文字の書いてあるような唐辛子の効いた甘辛味も加えておきたい。ということでお菓子バスケットはいつだって満杯です。

こうして私の「食」をみてみると、野菜とお菓子はまことに充実していますね。アハハー、めでたしめでたし……って安心していいのかしら？　お酒を飲む習慣がなかったことで、それに伴う食の贅沢にも気が回らず、そのおかげで病気を引き起こす原因は少なそうです。若い頃から食事時間が極端に不規則だったし、寝不足状態での日々が長かったことの影響が心配ではありましたが、それもおかげさまで大丈夫そうです。

とにかく、ものごころついた頃からずーっと規則正しくないスケジュールで外食も多かった私。もしかしたらそのおかげで、強い私になっちゃったのかしら？

でも、だからと言って、誰でもそうしてみてくださいとは勧められないですしね。規則正しい生活や、健康に良いと言われる運動や食べ物で安心を得るのもいいと思います。でもまずは、自分の勘やフィーリングに素直に従ってみるのもいいのではないかしら。今、自分に何が必要で、何が自分にとってハッピーかというのが大切なことだと思うんです。

美味しいと思う味ひとつにしても人それぞれだし、元気もハッピーも、それぞれで違うはず。

せーの！っておんなじにしなくてもいいんじゃないかなって思います。

なので、私は今日もお野菜をチョイスしに出かけ、帰りに補充のお菓子をルンルンしながら選ぶことにいたしますぅ〜！

4章

#「ほんとうに大事なこと」ってなに？

親友＋信友＋心友

私には中学2年生の時からの親友が2人いて、彼女たちとは14歳から今まで、親友であり続けています。

一人、先に旅立ってしまったので、とても悲しいですが、50年もの人生を3人で互いに共有できたことを、宝ものだと思っています。

出会った時に、もう私はテレビのレギュラーを持っていたし、ミュージカルの舞台にも出演していたけれど、そのことは、友情を育む私たちの障害にはなりませんでした。その当時の私たちの境遇や環境は、お互いに理解しあえていたし、3人の信頼はゆるぎませんでした。

実は私たちは、中学2年生の時しか、クラスメイトだったことがありません。3年生になる時、私がＮＨＫの１年間のドラマに主演することになり、それが大阪のＮＨＫの制作で、リハーサルと収録で週に４〜５日は局に通わなければならないスケジュールだというので、住まいも学校も大阪に１年間移すことにしたからです。出席日数が足りずに落第というのは避けたかったので、苦渋の選択でした。このドラマ『あねいもうと』は月曜から金曜の毎日の夕方放送のドラマで、朝のテレビ小説が東京で制作、夕方のテレビ小説は大阪制作で、それぞれ１年間の連続ドラマでした。

現在は、朝の放送枠だけ残り、春から半年が東京制作、秋からの半年を大阪制作でという形に変わっています。

というわけで、私は中学３年生の１年間、ドラマの収録をしながら大阪の中学に通っていました。携帯電話やパソコンなど、当時は影も形もありませんし、市外通話は料金が高いし、通信手段は手紙やハガキしかありませんが、それでも頑張って連絡をとりあっていました。修学旅行で二人が京都に来た時は、私も京都に駆けつけました。

その時は京都に住んでいた『あねいもうと』の共演者である近藤正臣さんが、街の散策のガイドを買って出てくれて、楽しい思い出になりました。担任の先生も、私と会う時間を二人に許可してくれて、ありがたかったです。
こうして、修学旅行も卒業式も一緒ではなかった私。その後彼女たちは二人とも女子校では一番優秀なことで有名な県立高校に進学し、私と言えばますます仕事が忙しくなり、なかなか会えない日々だったのですが、3人で綴っていた交換ノートは14歳から20歳まで続けていて、大学ノート6冊にもなりました。ひとりはスチュワーデス、ひとりはピアニスト、そして私は引き続き俳優、とそれぞれの仕事を持ちながらも、交換ノートを書き続けていたんです。

学校の大事な催事に、いつもいっしょにいられなかった私なので、成人式は絶対いっしょに参加したくて、中学2年生の時の級友たちと式典に参加しました。その当時は私を見るとそこらじゅうの人が集まってしまう現象が起きて、成人式の会場でももみくちゃ状態になったのですが、親友二人が事前にみんなと作戦を立ててくれて、クラスメイトが運転する車に素早く乗り込み、取材の記者やカメラマンも振り切ることに成功。無事、友達だけで集まっている喫茶店に辿りつけて、みんなで喜んだのを思い出します。なんだかとっても懐かしいな。

この中学2年生の時のクラスメイトは、親友とともに、私の人生の中で特別な存在なんですよね。


よくテレビのドラマなどで見かける仲良し同士は、ニックネームや呼び捨ての名前で呼び合っているので、多分そういう人が多いのかなと思うのですが、私たちは「苗字にさん付け」でした。

そうです、私は「岡崎さん」でした。クラス全員が、その形で呼び合っていましたので、親友同士であっても、特に疑問はありませんでした。その後、全員結婚で苗字が変わって困ったので、途中からは名前の方にさん付けに変えました。

はい、私は「ゆきこさん」です。私たちって、生真面目で大人しくて、羽目など絶対外せない、地味目の優等生だったんですね。


実は私、友人は多くありません。

悲しいことですが、純粋な気持ちの人ばかりではないからなんです。例えば、若い頃に知り合って仲良くなり、すっかり友人と思っていた女性が、長年にわたって、私に近しい人間の中の、自分に得だと思う人物を私から奪うため、巧妙に私を陥れていた……という、あまりにも残念なこともありました。彼女がそんなことを目的に私のそばにいたなんて、どうして想像できるでしょう。

何かおかしいと思ったことは何度もありましたが、友人として彼女を疑ってはいけないと思い、気づくのが遅すぎて、大きな痛手を負うことになりました。

そんな彼女が人には涼しい顔で「まっすぐ生きてきてよかった」と言っているのを知り、なんとも言えない気持ちです。

名前やバリューを知った上で私に近寄ってくる人々が、全て信じられないというわけではありませんが、そう思ったほうがいいかもしれないくらい、口惜しいこと、困ること、踏み躙られること、多すぎました。私に災難をもたらした人は皆、最初は勝手に興味を持ち、やがては勝手に妬みを持つという人ばかり。こんな経験ばかりしていると、しまいには人間語を話すことにすら、恐怖を覚えてしまいます。

そんな日々の中、二人の親友の存在がどんなにありがたかったかしれません。利害のかけらもない清々しい気持ちで、お互いがまっすぐ歩いていること、自分のことより、家族や周りの人たちへの思いやりを持ってちゃんと頑張っていること、でも少女だった頃の夢も、心の奥に大切にしていること……を語りあえたからこそ、健全に凛として、自分を見失わずに生きることができた気がします。

14歳の時、私たちは「この友情は永遠」と信じていました。そして、その通りになりました。人生のほとんどを共に生きて、それぞれの胸の内の喜びや苦しみも分かち合い、理解し合い、お互いの人生を受けとめ合ってきました。

ふと振り返ると、どの年齢のどの場面でも、いつも親友の存在があります。お互いのことをほとんど知り尽くしてきて、お互いの心の支えになってきたのだと、つくづく思います。親友がいるって、ほんとうにしあわせなことです。

ペンだこと青春

もしも私が、舞台に立つことなく、ごく当たり前の子供時代を過ごしていたならば、どんな人生だったのでしょうね。勉強は真面目にするタイプでしたから、ガリ勉人生を歩んだかも。どこかの新聞社か雑誌社に就職していたかもしれないですね。

小学生の頃を振り返ると、学芸会があればその演し物の脚本を担当して物語を考え、職員室で「ガリ版」を貸してもらい、硬いペン先でギーコギーコと文字を書き込んで……というか、書くというより削っているとか彫刻しているような感じでしたが、……そうそう、あまり強く書くと原稿の薄い紙が破けちゃうので、慎重にしなければいけなかったことをぼんやり思い出します。

その他にも、教室に手書きのオリジナル壁新聞を編集して貼ったりもしていましたっけ。自分でテーマを決めて、取材をして、記事にして、レイアウトも挿絵も4コマ漫画も、何もかも一人でやっていました。便利なデジタル時代の今とは違って、いろんなことに手間がかかりましたけど、新聞づくりは楽しくて仕方がありませんでした。

そういえば、昔は鉛筆で文字を書いていましたから、私の右手の中指にはいつもペンだこができていて、ちょっと痛かったりしてたことを思い出します。

そう思いながら久々に自分の指を眺めてみたら、あら不思議?! もう何十年もキーボードで文字を書いているのに、まだペンだこが残ってるじゃありませんか。その上、その中指の指が歪んでます。

これってまるで骨折したあとみたいな曲がり方。骨折するほど強く握っていたとは思えませんが、長時間酷使していたから、疲労骨折しちゃったのかしら？

こんなペンだこ少女の私は、中学生になっても、あれこれノートに綴る日々を送っていました。8歳からミュージカルの舞台に立ち、中学1年生の時には、1年間の連続テレビドラマにレギュラーを持ったりしていましたが、学校では極力目立たないようにしていました。舞台に出演している場合は、劇場に来た人にしか私のことはわからないから安心なんですが、NHKの毎週の1時間のドラマで、主演が森繁久彌さんとなれば視聴率も高く、興味津々で私を見る人がだんだん増えてきてしまい、とうとう授業中に先生から「来週はどんな話なの？」なんて声をかけられてしまったりで、自分が悪目立ちしているんじゃないかと不安でならず、必死に存在を消して、小さ〜くなってました。とにかくそういう目で見られるのが大の苦手だったんです。

その当時は、ドラマの収録はスターさん達のスケジュールを優先するので、私のような子供の出番はいつも後回し。例えNHKであっても深夜までメイク室で延々と待つことが当たり前でした。ある時は局の宿直室をあてがわれ、いつも付き添って来ていた母と、二人で夜明けまで仮眠をとったりしたこともあります。朝日が昇る頃にやっと出番の収録となって、深夜や早朝用に局が配るタクシーチケットを渡され、収録後にそのままタクシーで中学校に登校したこともありました。これって私が苦手な

「悪目立ち」の最たるもの。めちゃくちゃ恥ずかしかったです。

中学2年生となり、その年は森繁久弥さんのミュージカル『屋根の上のヴァイオリン弾き』の初演の公演が帝国劇場であり、私も末娘の役で出演したのですが、稽古が2ヶ月間と公演期間が2ヶ月、合わせて4ヶ月間も学校を早退したり休んだりの日が続きました。

そんなぐちゃぐちゃなスケジュールで通学していたのに、この中学2年の時に級友二人と仲良しになり、3人で交換ノートを始めたんです。

親友二人は成績優秀な秀才。一人はピアニスト、一人はスチュワーデスになる夢を持っていました。将来への希望と不安や、可愛い初恋の悩みなどなど、勉強で大変なのに、交換ノートのページにびっしり綴っていたのですから、若いって素晴らしい！他愛無い話から、とても深い話まで、たくさん語り合いました。話すだけではなく、文章で伝え合えたことが、より強い絆となったのかもしれません。

中学2年生の教室で、かけがえのない親友と出会えたことは、私の人生の中の大切な財産です。

3人の交換ノートは、中学を卒業し、高校も卒業し、成人となるまで続きました。この間にもペンだこ、せっせとこさえてたんだなぁ……。

女同士の友情はなかなか長く続かないものだという人がいます。確かに、結婚と同時に苗字が変わったり、夫の生きて来たワールドに取り込まれてしまったりすることが多いし、女性が自分の生きてきた時間をそのまま大切に守り続けるってたいへんですよね。

親友たちはひとりはピアニストに、ひとりはスチュワーデスに、二人ともがそれぞれの夢を見事に実現しました。そして良き伴侶とめぐりあい、結婚、そして出産。私には子供はいませんが、彼女たちはそれぞれ3人ずつ子育てを頑張りました。その子育て中も、交流は途絶えることなく続きました。

女の子3人の母と男の子3人の母、そして子供のいない私。彼女たちを見ながら、母親って素晴らしい！と感動したり、大変すぎる〜と同情したり。そういえば生まれて初めて「おばちゃーん！」と呼ばれたのは、親友の息子からでした。

まだ二十代の頃だったので、自分のことだと気づいた時は、多少のショックはありましたけど、でもその日から、親友の子供達から「おばちゃん」と呼ばれるのは当たり前なんだと理解して、そう呼ばれるのを楽しむようになりました。

こうして、私たちの友情は、就職、結婚、子育て、を経ながらも変わることはありませんでした。女同士でも、友情は深く強く厚く、私たちのようにしっかり続くものなんです。

20歳を過ぎるまで交換ノートを続けていたことを、私の著書『明日のスケッチ』の中に書いています。眠る時間も無いほどの過密スケジュールの中でも書き続けていて、そして同時期に『明日のスケッチ』も書いていたわけですから、我ながら恐ろしいパワーに驚きます。

カメラの前で演技している時以外は、常に原稿用紙を抱えて、いつもなら仮眠する休憩時間や移動時間を、執筆に充てていた私。こうしてますます、ペンだこ、こさえていたわけですね。

こうしてみると、私のペンだこって、『青春の証』かもっていう気がして来ました。改めてこのペンだこちゃん、なんだか愛おしいものに見えて来ます。

親友3人で

星好き☆雲好き♡空大好き

星を見るのが好きです。知識はないけれど、夜空を見上げているのが好きです。東京のど真ん中の空の下で育ったので、ずーっと明るい夜空だったため、意外なことに昔の方が星はあまり見えませんでした。

宮城まり子リサイタルの九州ツアーで、終演後の深夜、熊本あたりをバスで次の公演先に向かっての移動中、バスの窓のカーテンをそっと開けて外を覗いたら、そこには満天の星空が広がっていて、その息を呑むほどの美しさに感動したのが11歳。その後、仕事で国内外を飛行機で移動することが多くなってから、夜のフライトでの星空観測が楽しみでした。

今は、代々の故郷である都内から、太平洋を見渡せる九十九里浜にすぐに行ける、大きくて綺麗な空の下に住まいを変えたので、おかげさまで星がよ～く見えます。

オーストラリアの空、タヒチの空、ケニアの空、アラスカの空、アリゾナの空、など、各国各地で星空を眺めてきました。

中でも一番の星空は、ハワイ島のマウナケアから見た星空です。ハワイ諸島最大のハワイ島には、四千メートル級の山が二つもあり、その一つがマウナケア山です。今はネイティヴからの反対が全面的に受け入れられ、観光客はマウナケア山の上に行くことはできないルールに変わったらしいのですが、以前は一日に何組かは観光客の車が登頂を許されていたので、母を連れてそのツアーに申し込み、山頂まで行ったことがあります。

標高4205メートルの頂上には、各国の天文台が設置され、日本の「すばる望遠鏡」もここにあります。常夏のハワイと言えども、山頂はめちゃくちゃ寒い。大型SUVでの8名ほどのツアーの我々は、配られた雪山用のヤッケを着て山頂に立ちます。

眼下には雲海が広がり、深い色の青空を見上げると、宇宙に近い場所にいるんだと実感します。そして11ヶ国の天文台が静かに並ぶ特別な風景の中でのサンセットを、心から有り難い思いで楽しみます。そのあとは、車に戻って、オニヅカビジターセンター＊という、山頂から8マイル降った地点で、夜の星空観測が始まります。車から立派な望遠鏡を下ろして設置すると、だんだん暗くなってきた空を覗いて、土星の輪や星雲の姿を見せてくれます。ですが、それよりも何よりも、肉眼で見上げる夜空の、なんと星だらけなこと！　とんでもない多さで、宇宙ってこんなに混雑してるんだぁ！と、ただただ驚嘆するばかり。空に隙間がなさすぎて心配になってしまいます。

オーロラ観測のためにアラスカ州フェアバンクスに毎年のように通っていた頃、極寒の冬の星空を毎晩見ていました。いつ出現するかわからないオーロラを待ちながら、北斗七星、北極星、カシオペア座などを見上げていると、流れ星を見つけたり、衛星を見つけたりできます。オーロラ観測に適しているのは、月の出ていない夜ですので、

＊オニヅカビジターセンター　マウナケア山の中腹２８００メートルにあるビジターセンター。

星の輝きもよく見えるんです。

真正面の角度で大気圏に突入した流れ星は、ビカーッと強い光を放ち、ちょっとビックリします。流れ星に願いをかける時は、「願い事」を3回繰り返さなくてはいけないと聞いたことがあります。

私なんかいっつも「あっ、流れ星！」と言ってる間に終わっちゃうので、3回なんて到底無理。

そうしたらある人が「カネ！ カネ！ カネ！」って願えばいいって教えてくれました。なるほど、それは素晴らしいアイディアです。今度こそそうしようと思うんですが、やっぱり「あ、流れ星！」と言って終わってしまって、未だにうまくできません。う～む、今度こそ……。

一瞬の流れ星と違って、衛星は飛んでいる光をずーっと追うことができます。

私が毎年アラスカに行っていたのは、母がまだ元気だったころなので、かれこれ30年以上前になるのですが、そんな昔でも結構な数の衛星が飛んでいました。

今はもっともっと増えているでしょうから、一体どのくらいの見え方なのかしら？　人工衛星を見つけるのは楽しいけれど、あんまり多すぎるとちょっと気分は複雑。人工衛星ばかりの空というのも……ね。

星空だけでなく、明るい空の『雲』も大好きです。

ぽっかり浮かぶかわいい雲、ミケランジェロの『天使の階段』のような雲、夏休みの絵日記みたいな入道雲、さらっと筆を走らせた水彩画のような雲、そして晴れた日の黄昏時の夕陽が黄金の光となり、やがて青い空がほのかなピンク色になっていく小焼け……。刻々と色合いを変える雲の形や空の色のチェックは感動の連続です。

雨の日だって嫌いじゃありません。雨も大切な自然の恵みですもの。

空からのプレゼントに感謝を忘れてはいけませんよね。でも、雨も風も暑さも寒さも、楽しんでいる場合じゃない脅威になることもあります。

自然とはそういうもの、と改めて思い知らされますね。

空ばーっかり見ている私ですが、これって元気を引き出すある種のおまじないかもしれません。

地球がとんでもなく素晴らしい芸術家だということがよくわかって、ますますこの星の住人であることが楽しくなる、そんなおまじないのような気がします。みなさんも是非、このおまじない、試してみてくださいな。

ふるさとは感動と奇跡の星

アラスカの海に、最初は1週間、翌年は2週間、ザトウクジラさんの姿を追って船で滞在したことがあります。船といっても撮影クルー専門の小さなボートで、キャプテン＋3人しか乗船できません。

明るい時間はクジラさんの写真を撮るために、ベテランのキャプテンの舵取りで海を移動しつづけ、夜は入江に錨を下ろして、持参した寝袋に入って寝《やす》みます。海と陸の生命を感じながら、360度、どこを見回しても人間はこの私たちだけという世界。今まで経験したことのない日々でした。

アラスカの海では、いろいろ考えました。ザトウクジラさんは春から夏の暖かい季節、ここで毎日朝から晩まで、たくさんのオキアミやニシンを食べて栄養をつけます。

そして夏の終わりにはまた、恋愛、出産、子育てをする場所へと、長い旅路につくのです。これを毎年毎年続けているのですから、いくら大きな体でも、遠くて危険で辛い旅を繰り返すのは大変でしょうに。

ある時、クラゲさんの大群が、ボートの横を通り過ぎていくのを眺めていて、このクラゲさんたちのように行き先を決めずに、海を漂っていく一生もあるんだなぁと思い、ザトウクジラさんの生き方とは違うんだなぁ、どっちが幸せなのかなぁ、と考えてしまったことがあります。いくら考えても結論は出ませんが。

ここアラスカの海で夏を過ごすザトウクジラさんたちは、メキシコの近くやハワイ諸島、小笠原諸島など、それぞれのグループが向かうエリアがいくつかあって、その往復を繰り返しています。南半球でも同じように極に近い栄養豊富な海と、暖かい赤道の間の往復を毎年繰り返しています。

夏季は豊かな海で、仮眠を挟みながら、一日中オキアミやニシンを食べます。ザトウクジラさんたちはチームを組んでニシンの漁を行います。数頭のチームから十数頭のチームまで様々ですが、いずれも見事なチームワークです。

若いメンバーが1頭ずつ順番に入れ替わってチームに参加し、実技としての漁を学んでいるらしいのを観察したこともあります。あまりに幼い子クジラは、母クジラが付き添って、漁の傍で見学している光景も見たことがあります。チームのリーダーは、巧みにフォーメーションの指示を出すことができるベテランに越したことはなく、私が出会った中では、10頭ほどのメンバーを引き連れた「ビッグママ」というニックネームのリーダーが、もう長年リーダーを担っているレジェンドだと、キャプテンが教えてくれました。また、若手のリーダーが総勢15頭の大きなチームで漁をしていた時は、途中でリーダーを交代しながら、2頭の若者がテキパキと役割を果たしているのを確認したこともあります。

彼らザトウクジラさんたちがニシンの群れを追う漁は、それはそれは見事なものです。まずリーダーの号令のもと、一斉に海の深いところまで潜ります。そしてニシンの群れの周りを、頭の上にある鼻から息を吐いて、その泡が筒状になるようにチームでニシンの群れを包囲します。
そしてその泡に閉じ込められたニシンの群れを逃さないように泡のネットを作り続けながら螺旋状に上昇し、そして海面に到達したところで、リーダーの合図とともに、全員一斉に、大量にニシンを飲み込みます。これが有名な、ザトウクジラさんの漁「バブルネットフィーディング」です。この漁を、夏の間、毎日毎日続け、十分な栄養を蓄えるのです。

ザトウクジラさんにとっては、この夏のアラスカの海はダイニングルームです。ここで食事をして夏を過ごし、秋の終わりにはハワイ諸島、小笠原諸島、メキシコ沿岸の、それぞれのテリトリーに戻っていきます。
その、冬の期間を過ごす温かい赤道近くの海では、恋愛、出産、子育てをします。そこでは何ヶ月もの間、かれらは一切食事を摂りません。

余談ですが、でも大切なことですからあえて言いますが、先日ＣＳのゴルフ専門チャンネルで、ハワイ島からの中継トーナメントを放送中、解説者とアナウンサーが、このハワイ諸島に冬のシーズンだけ出現するザトウクジラについてとんでもないことを言っていました。

アナウンサー「(クジラは) いつも見られるんですか？」
解説者「ほぼ毎日見られます。種類はザトウクジラが多いというふうに聞きました」
アナウンサー「棲息してる感じでしょうか？」
解説者「ええ、そう、もうあの辺に住んでるんじゃないですか」
アナウンサー「居心地がいいんですね」
解説者「ああ、そう思います。気候がいいですし、餌も豊富なんじゃないっすか」

って、コラコラッ！　そこのゴルフ解説者と実況アナウンサーくん。知ったかぶりするでない！

餌が豊富だと〜⁉　ザトウクジラさんはハワイ諸島の海に滞在中は、何も食べないんダヨッ！　知識がないなら「よく知りません」と正直に言いなさいヨ。なんでその勇気が無いわけ？　アメリカのクルーが撮影した映像は、そのまま世界中でオンエアしているから、各国の実況アナと解説者は、当然同じ映像にプロフェッショナルとして正しい情報を提供しているはず。まさか、ゴルフ番組の視聴者は、クジラの正しい生態なんて興味ないから、嘘でもなんでも構わないと、日本の番組スタッフが思ってたりするんでしょうか。世界中に恥をかくような間違った情報を、日本だけが堂々と放送して、恥ずかしいったらありません。

毎年この同じ時期に、複数の大きなプロゴルフトーナメントがハワイの島々で開催されるので、ザトウクジラさんの姿は必ずと言っていいほど画面に登場するのですから、事前に調べておけばいいだけの話。なのに、知ったかぶりの誤情報放送をしてしまったとは、不勉強にも程があります。

クジラについては、日本の食文化だと思っている人がとても多いので、どんな丁寧な専門的説明をしても、そういう人には理解できないことは知っています。野生動物と自然環境保護に携わってから50年ですから、あらゆる問題や壁には驚きません。

人気商売だから、芸能人だから、という理由で、市民として、国民として、そして人間として、意思を表明したり、考えを明らかにしたりすることを、まるでいけないことのように思う人が、いまだに多いのはどうしてなのでしょう。

今やデジタルな環境が整い、ＳＮＳという方法で、誰でもあっという間に注目を集めることのできるこのご時世に、どこに線引きをして差別化しようというのでしょう？　ところが同じ芸能人と呼ばれる職業なのに、何を言ってもお咎めが無いどころか、なんてカッコいい、さすがだ、と持ち上げられて忖度される人もいます。

ネットでの効果的な印象操作を巧みに使う力を持っているんですね、きっと。そういった印象操作目的の報道紛いの記事も溢れかえっているので、真実を見極めないとたいへんです。やれやれ、いちいち疑わなくてはいけないっていうのも疲れますよね。

ザトウクジラさんに初めて至近距離で出会ったのは、マウイ島の海です。ホエールウォッチングボートから見た、その大きな存在に畏敬の念を抱かずにはいられませんでした。すっかりザトウクジラさんにぞっこんとなり、毎年マウイに〝お参り〟に通いました。

なんだか生き神様みたいな存在に思えて、ザトウクジラさんに会うのが自分にとっての人間ドックだなんて言って、毎年通っていたんです。

そのうち、マウイの海では見ることのできない、アラスカの海での「バブルネットフィーディング」もこの目で見てみたいと思うようになり、とうとうアラスカの海へも通うようになり、すっかりザトウクジラさんのストーカーになってしまいました。

ザトウクジラさんはマウイの海では食事は一切摂りませんから、母クジラは出産して赤ちゃんにミルクを飲ませて、子育てで消耗し切ったギリギリの体力で、幼い乳飲児を連れてアラスカに向かいます。危険で過酷な厳しい旅です。その試練を乗り越えた母子をアラスカの海で見た時は、心から労う気持ちでいっぱいになります。

マウイの海で、ホエールウォッチングボートのキャプテンが「あそこにドルフィンの群れが見える。きっと生まれたてのホエールのベビーがいるよ」と指差しながら言うのです。ルールの範囲の距離*までボートを走らせてみると、いました！　生まれたてのベビーとお母さんクジラが。そしてその母子をイルカさんたちが囲むようにして泳いでいます。

これは、出産の時の血の匂いを嗅ぎつけて、サメがザトウクジラの赤ちゃんを狙いに来るので、イルカさんたちが守っているのだというのです。あゝ、なんということでしょう！　この種を超えた助け合い！　素晴らしい！　感動しかありません。

＊ルールの範囲の距離　クジラから100ヤード（約91メートル）以内の接近は禁じられている。

しなやかに生きる生命に溢れるこの青い星は、たくさんの感動と奇跡でいっぱい。

そして我々人間は、彼らに教えられることばかりです。

それなのに私たちったら日常にかまけて、ついつい「あたりまえ」だと片付けてしまっていることが多すぎませんか？　なんてもったいない！　もっと色々なことに気づいて、そして有り難いと感じて、心を輝かせることができたらいいですよね。

一生もんの栄養です

子供の頃から本屋さんが好きで、時間を忘れるくらい楽しく本を探してうろうろしていました。

中学生の頃は、世界文学の文庫本をはじから読んでいました。同じ時期から北杜夫さんのマンボウシリーズにハマり、次は純文学作品にもハマり、『楡家の人々』や『白きたおやかな峰』などを夢中で読み、また、星新一さんのショートショートにもハマりました。

日本テレビで『ほんものは誰だ』というクイズ番組が始まり、そのレギュラー回答者同志として毎週、遠藤周作さんとご一緒していました。

おだやかで、ユーモアたっぷりで、ほんとうに素敵な方で、番組収録前の打ち合わせの時間が毎回楽しみでした。もちろん遠藤先生の作品も読ませていただいておりましたが、北杜夫さんと仲良しというお話を雑談の中で小耳に挟み、なんと図々しくも「くれぐれもよろしく」かなんか言っちゃって、怖いもの知らずもいい加減にしろ状態。遠藤先生の優しさに付け込んで、なんちゅう無礼者でしょう。でも、遠藤先生はちゃんと北さんに伝えてくださり、北さんから私にプレゼントしてくださったご本を預かってきてくださったりして、ああ文豪になんてことさせていたんダァ！　その上、大橋巨泉さんのＴＢＳ『クイズ頭の体操』でトップ賞になって、その賞品があろうことか生きたペンギンで、それは一般家庭では無理なのでこれに変えますって番組側から贈られてきた九官鳥が我が家にいたのですが、その子を遠藤家の養子にしてくださったりもしました。

私が留守ばかりしていて、言葉をなかなか覚えてもらう時間がなくて、最近始まった隣のビルの工事の音を真似していてかわいそう……という話をしたら、「うちで面倒みようか」と言ってくださったんです。

聞けば「お手伝いさんが俺の悪口を教えこんだ九官鳥」というのがいたとかいない

とか。遠藤先生はいっつも飄々とおとぼけの冗談をおっしゃるので、これも本当か冗談かわかりませんが、きっと私の気を楽にするために言ってくださったのだと思います。

そうそう、なぜか便秘解消のツボも教えていただきました。これがなんと50年経った今も役に立っているんですよ〜。すごいでしょ？

遠藤先生に中継していただいた北杜夫さんには、その後しっかりお会いする機会がやってきました。

最初は当然、北杜夫先生とお呼びしていましたが、先生と呼ばれるのはお好きではないということで、その言いつけを守り続けています。

北さんと初めてお会いした時は長期の「鬱」ということで、それはそれはモヨ〜ンとしたお言葉で、咥えたタバコの煙を燻らしすぎで、白髪の前髪の先っぽが、ヤニで黄色く変色していて、お洋服の下には着っぱなしのパジャマが見えてて、「着替えるのは面倒なんで、このまま風呂に入ろうと思ってるんです」とおっしゃって、何もしたくない日々が続いているようでした。

そんな状態なのに、お家にお伺いしてしまい、なんだか申し訳なかったのですが、とにかくお会いできて、そして噂の「鬱」を目の当たりにできて、北ファンといたしましては、感動のひとときでした。


私の舞台を観にきていただいたこともございましたし、雑誌などの対談もさせていただきました。北さんが対談をされるのは「躁」の時ですから、雑誌の担当者より先に、北さん自らスケジュールのお電話をくださったりもして、事務所の人間が恐縮しまくっていました。

「躁」の状態の北さんは、そりゃもうパワー全開でございます。例えば、主婦向けの月刊誌でのスペシャル企画で、銀座の老舗レストランの一角に席を設けて、北杜夫さんと私岡崎友紀との対談を取材中、お話が盛り上がり過ぎて、北さん、やおら立ち上がって大声で朗々と歌いだし、店中がびっくり。

取材中の雑誌の担当者やカメラマンたちは、初めのうちは「目が点」なくらいですが、北さんのテンションがハイに、そしてさらにハイに、そしてさらにさらにハイになっていくと、その目はだんだん「恐ろしいものを見てあとずさりしていく人の目」になっていきます。

こういった「躁」や「鬱」に関しては、北さんが作品で書いておられるので、知識としては当然あると思いますが、なかなか実際の症状を目の前にすると、受け入れるのは難しいようでした。

声は人一倍大きくなるし、話は飛ぶし、歌は歌うし、立ち上がったり、動き回ったりするし、あまりに喋り続けて声がかれてくるので、のど飴をポッケに忍ばせているんですが、そのプラスティック容器に入っ

北さんからの賞状

ている飴がぜ〜んぶ舐めかけ。それを一粒とりだしては口に入れ、少し舐めたら口から出してまた容器に戻して、を繰り返しておられるようでございました。

どうやら「躁」の間は、ほとんど眠らずに活動されているらしいのですが、お顔の色艶はすこぶるおよろしいし、めちゃくちゃお元気そうなんです。一行もペンが進まない日々が続く「鬱」より、執筆量が俄然アップする「躁」の方がうれしいと奥さまがおっしゃっていました。ただ、体への負担は相当なので、「躁」が終わった時の体調がご心配のようでした。

ある時、ご自宅にマンボウ共和国を建国されて、その式典にご招待をいただいたこともございました。なんだかわけわからん賞の手描きの賞状をいただき、共和国のマブセという通貨の賞金も、たんまり頂戴いたしました。

このマブセ紙幣には、北さんの写真がデザインされていて、誠にありがたいものでございます。

その日集まった来賓客は錚々たる文豪揃い。星新一さんにもこの時初めてお目にかかりました。北さんのご自宅を大開放しての、それはそれはプライベートでアットホームなパーティーだったので、文豪の皆さんもすっかり寛いで、とても楽しそうでした。

北さんから『万能ハガキ』をよくいただきました。

これがまた最高なんです。中央には、床にふせっているカエルにしか見えない北さんらしきイラストキャラ。そして、いろいろな用件が印刷されていて、その中からその時にあう言葉を◯で囲めばいいだけの、たいへん便利で、誠にいい加減なハガキで、いただくたびに気が抜けながら笑顔になってました。

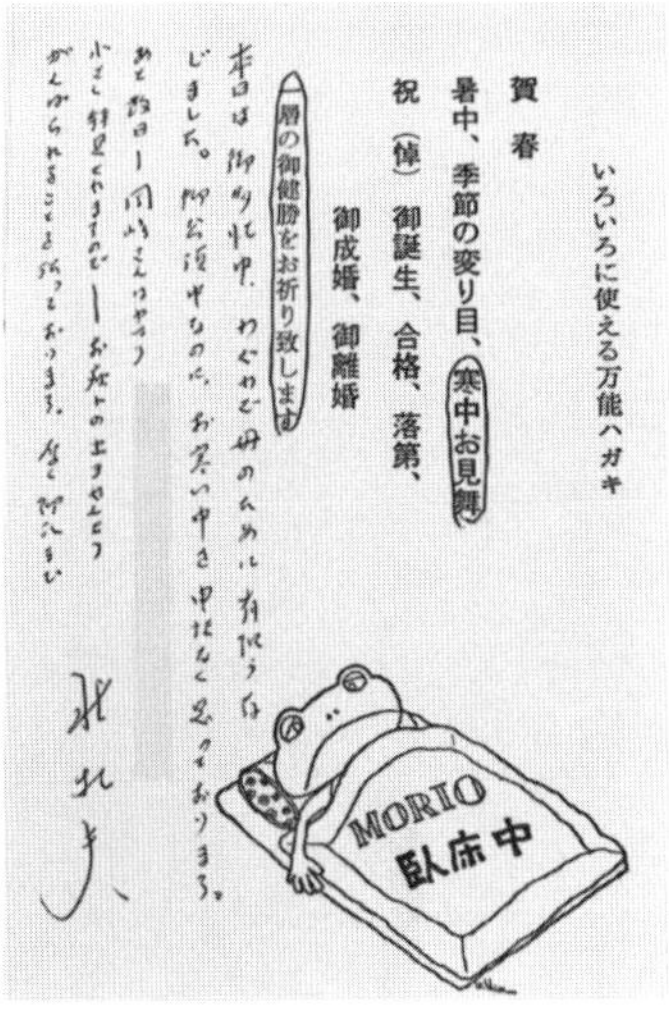

北さんの『万能ハガキ』

でも、その便利なハガキに、わざわざ私のためにメッセージを書き加えてくださることが多く、これぞ贅沢の極みでございました。

作品のファンの一人だった中学生時代には想像もできなかった北杜夫さんとのご縁。遠藤周作さんに取り次いでいただくという、明らかに違反級の手口もつかいましたが、随分と仲良くしていただいて、ほんとうにしあわせでした。

私の魂には、北杜夫さん、遠藤周作さん、星新一さんら偉大なる作家の文学の栄養が、たっぷり染み込んでいます。夢中になって読み耽った作品の栄養って、一生もんですよね。

毎日がネコ曜日

「頼みたいことがあるの」と友人から深刻な声で電話がかかってきました。「明日からハワイに行くのに、子猫ひろっちゃたから預かってくれない」というのです。

その家には2匹の大人猫ちゃんが暮らしていますが、2匹とも子猫を受け入れようとしないらしく、留守の間の猫のゴハンとトイレの世話を頼んではいるけれど、それ以外の時間が心配だから助けてという電話です。

もう深夜でしたが、急いで友人宅に行きました。経緯を聞くと、経営しているバーの営業を終え、深夜までやっているスーパーマーケットで買い物をして帰ろうと思ったら、出入り口付近でか細いミューミューという声を耳にして、どこ?と探してみたらすぐそばのゴミ箱の中から聞こえてきていることがわかり、慌てて覗いたらスーパーのポリ袋に入れて捨てられている子猫を見つけたんだそうです。

とんでもないことをする奴がいると怒り心頭！　とにかく救い出さなくてはと、家まで連れ帰り、ノミなど心配なので優しく体を洗って、飼い猫たちに紹介してみたら「フーッ」と拒否されてしまったとのこと。友人は翌日からのハワイ旅行なので、その1週間だけ預かって！と頼まれました。

ジャックが亡くなって1年近くで、可愛いシッポの家族が誰もいない状態でしたから、1週間だけ預かることにしたんです。

猫ちゃんと暮らした経験がないし、預かったのはほんとうに小さい離乳前の子猫ちゃん。猫用の哺乳瓶で子猫用のミルクを与え、ちゃんと背中をトントンしてゲップをさせオシッコ&うんピーも、親猫がするように優しく促し、壊れそうな小さな命の世話を1週間して、ハワイから帰ってきた友人の家に連れて帰りました。

そこで、先住の猫ちゃんふたりと再び会ったら、大人猫ふたりは前よりもっと子猫ちゃんをよそ者扱いしてフーハー言いまくるし、子猫ちゃんも怖がりながら「早くおうちに帰りたい」という顔で訴えるし……。私も実はもう、この子を手放したくない気持ちだったし、一緒に我が家に帰ってきちゃいました。その日から「タバサ」と名付けた子猫は、私の愛娘としてすくすくと成長してくれました。

その後、大怪我を負った猫ちゃんを保護して、獣医さんで大手術を受けて、我が家で回復を待ちながら、近くに張り紙して飼い主を探しました。

でも結局見つけることはできず、そのままうちの2番目の娘ニャンになった「モカタン」。このモカタンはお散歩の天才でした。彼女を連れてお散歩している時、あまりの堂々とした歩きっぷりに「これネコですよね？」と驚きながらよく声をかけられました。そんな中に「ブログやってます？」と聞く人がいたのがきっかけとなり、猫ママとしてのブログを始めて、モカタンのおかげで猫友もたくさんできました。

時は流れ、タバサもモカタンも虹の橋を渡り、涙が涸れるほど泣いて、もう猫ママの暮らしは卒業だと思っていたのですが、運命の出会いがまた訪れたのです。

黒猫のカハナは、今年で14歳になります。

14年前の真夏の酷暑の昼下がりに、往来の激しい道路の傍らで、小さな黒っぽい塊がフラフラと動いているのを車から発見し、車から降りて後続車に止まってもらい、急いでその塊を拾い上げました。

目は赤く腫れ上がってすっかり飛び出ている状態で、多分……をつけないと猫だという確信が持てないほどの姿でした。そのまま近くの動物病院に連れて行くと、「肺炎にかかっていて命が危ない。もし助かっても視力を失ってしまうかもしれないが、とにかくできるだけのことはしてみます」という獣医さんの診断でした。


この時、病院の待合にあるテレビ画面に、なぜかワンニャンではなく、私が毎年会いに行っているマウイ島のザトウクジラさんの映像が流れていて、ふと、胸に抱いた瀕死のこの子猫の名前は「カハナ」だと思いました。

まだ命が助かるかどうかもわからないし、うちの子になるかどうかだって考えてもいないのに、毎年訪ねているマウイ島の大好きな町の名前「KAHANA」が思い浮かんだんです。

命が助かって、病院のケージの中でほっとしたようにスヤスヤと眠っている姿を見て、それだけでもう、しあわせな気持ちで胸がいっぱいになりました。視力はまだどうなるかわからないという診断でしたので、そのような状態では里親さんも見つかりにくいだろうとも思い、私の娘として育てる決心をしたのです。

ありがたいことに視力は失わずにすみました。

そして、すくすくと元気な黒猫として成長してくれました。ただ、失明寸前だった後遺症なのか、両眼の表面の下半分くらいに、白っぽく濁った、卵の白身みたいなものが張り付いたようなままになってしまい、ちゃんと見えているのかどうかが不安です。

もしかするとその半透明の異物が邪魔して、それなりの見え方しかできていないのじゃないかと思うのですが、その見え方しか知らないカハナにとっては、それほど問題ないのかもしれません。とても元気に走り回っています。ただ、写真で撮ると、白っぽいゼリー状のものが張り付いている目が写ってしまうので、写真コンテストへの応募はちょっと難しいんです。可愛いお顔なのにとっても残念。

カハナがうちの子になる前から、家にしょっちゅう遊びにきてくれていた自由猫「こたま」。カハナがきてからは、とても可愛がってくれて、よく遊んでくれて、すっかり仲良しになりました。そんなある日のこと、彼女は一大決心をします。そう、私は「猫の決心」を、この目でしっかりと見たのです！

我が家でまったりした時間を過ごしたあと、いつものように外に出たいという様子で、玄関の扉の前に座って、「開けて」と私を見るこたま。生まれてからずっとお外の自由猫さんとして生きてきたので、無理やり閉じ込めたりはできませんから、その日も意思を尊重してドアを開けて送り出します。「今日は雪が降るらしいよ。寒いから早く戻っておいでね」と言って扉を閉めました。

でも、しばらくして、なんとなくまだ、こたまがドアの向こう側にいるような気がしたので、そうっと開けてみたんです。そしたら、その通り。扉の前でまだ座ったまま
のこたま。そして振り返って私の顔を見上げたその瞬間、ピカーン！とこたまの頭の上に電球が点灯。ホントなんです。これ『こたまの決心』の瞬間です。そしてピューンと玄関から家の中に、猛スピードで戻ったのです。その時から、こたまは家から一歩たりとも外に出ることはありませんでした。お外の嫌いな、完全家猫になったんです。こうしてこたまは、カハナと一緒に、私の大切な大切な娘になりました。

そのこたまは、今年1月にお星さまになってしまいました。出会う前の時間を詳しく知らないので推定ではありますが、年齢は多分、16歳くらいになっていたと思います。穏やかで思慮深く、頭脳明晰、容姿端麗、ほんとうに非のうちどころのないこたま。これほど優しい子はいないだろうと思うほど、出来た子でした。そんなこたまだからでしょう。1年くらい前から、少しずつ「衰え」の信号を送ってくれていたように思います。『心の準備をしてね』と言われているような気持ちでした。そんな日は来ないでほしいに決まっています。でも、命は永遠ではないのも勿論わかっています。こたまからのサインを少しずつ感じながらも、もっと時間を先延ばしにしたいと願い続けていました。でも、その日はきてしまいました。「大好きだよ！　ママはこたまとずーっと一緒だよ」という私の声を聞きながら抱きかかえる私の腕の中で、こたまは静かに息を引き取りました。

カハナとこたま

　カハナがこの現実をどう受け止めるのかを見守らなくてはいけません。毎日毎日四六時中、14年も一緒に暮らしてきたこたまが、急にいなくなってしまったのですから、カハナがどんな気持ちなのかが心配です。だからニャンママは、泣いてばかりいられません。そのおかげで、なんとか元気に振る舞うことができている気がします。

今まで、いくつもの愛する命たちを天国に送り出しました。

その度に胸が張り裂ける思いをして、もうこんな悲しみは経験したくない！と思います。でも、出会ってしまったら、勿論とことん愛します。だって、どんな子もみんな、命がけで私を愛してくれるんですもの。どんなに返しても足りないくらい、いっぱい幸せをもらってきました。

今の私の使命は、カハナが天寿を全うするまでは、その世話をしっかりとできるよう、元気で生きることです。

ボケたりヘコタレたり病んだりしてはいられません。そりゃ、自分の老いを考えれば、漠然とした不安はあります。同じような不安を持っている猫ママ猫パパや犬ママ犬パパも多いはずですよね。

一緒に暮らす人とペットたちが、安心して歳を重ねながら共に暮らせる環境が必要だと、つくづく思います。でも、今はまだ、そうした環境やシステムや施設はほとんどありません。数少ないペットと同居可能な施設は、大変お金がかかるセレブ用で、限られた人しか手が届きません。

お金持ちじゃないからって、家族として暮らすペットたちと離れ離れになんてなれるわけがありません。

でも、老いたり病に倒れたりして世話ができなくなってしまう、辛いケースも多いんです。年齢を考えて、ペットを家族に迎えることを躊躇《ためら》う人が増えれば増えるほど、行き場のない命も増えてしまうという悪循環となります。この流れを食い止めて、どんな人でも愛するペットと一生を共にすることができる環境が整ってほしいと、切に切に願います。

猫ママ猫パパはみんな、猫さんたちの能力の高さを知っています。ストレッチなど必要としない柔軟で俊敏な運動能力に、優れた視力や聴力の身体能力。そして、うちの子たちもみんなそうですが、言葉がよくわかります。

相当細かいところまで理解していて、うっかりしたこと言えません。その上、言葉にしていない心の中までしっかり読みとってしまいます。ほんと、何もかもお見通しです。

なのに人間ときたら、彼女たちの言ってること、ちっともわかりません。人間様の重たい頭は、一体何が詰まってるの？ いくら脳みその量が多くても、たった4パーセントくらいしか使えていないそうですから、まだまだ人間は未熟者。

それに引き換え、なんと優れているところばかりの猫さん。いっしょに暮らしていただきながら、もっといろいろ教えていただかねばなりませんね。

カハナとこたま

5章

出会いが「笑顔」をつくってきた

思い出の中の「大切な方」のお話　その1　宮城まり子さん

初舞台は8歳の時でした。新宿コマ劇場のお正月公演。宮城まり子さんの歌とお芝居をたっぷり楽しめる、華やかな一カ月公演でした。

4歳からモダンバレエ、6歳からクラシックバレエを習っていて、お月謝や発表会など、なにかとお金がかかりますので、母は私がいつ「やめる」と言い出すかと期待していたんじゃないかと思いますが、モダンバレエを習いたいと私が頼んだ時、『あんたはすぐに飽きちゃうし、どうせ辞めるって言うに決まってるからダメ。絶対に辞めないって約束したら通わせてあげる』と宣言した手前、『ぜったいやめない』と誓ってバレエを始めた私が、風邪をひいて幼稚園を休んでも、バレエのお稽古だけは休まずに通い続けるほど頑張っていたので、母と娘で意地の張り合いになっていました。

そんな時、母が週刊誌か何かの片隅で見つけたらしい広告が「東宝芸能学校児童科」でした。土日の昼間、たっぷりとクラシックバレエと日舞と歌の授業があり、何より月謝が手頃というのが最大の魅力だったようで、母は早速願書を出し、安心価格の学校に通うことになったのです。

この「東宝芸能学校」は、東宝現代劇や宝塚歌劇団や日劇ダンシングチームを目指して演技やダンスなどを学ぶ、東宝系アーティストの予備校のような役割を担う場所で、卒業生の中から、毎年プロフェッショナルが生まれていました。その本科と別科の授業がお休みの土曜と日曜の時間に、小学生の児童科と中学生の中等科の授業がありました。

そしてここは、児童劇団のような外部出演はさせないという方針を掲げる、純粋な学びの場としての学校でした。それなのにその学校に突然、新宿コマ劇場から子役を集めに来たのです。聞けば、子役っぽくない子供を集めてほしいと、宮城まり子さんからの希望があったとか。というわけで、その子役らしくない子供の一人となって、商業演劇で初舞台を踏むことになりました。

近年は「ねむの木学園」の宮城まり子さんとしてあまりにも有名なので、時を遡っての宮城さんのことを知らない人もいるようですが、当時（1960年代）の宮城まり子さんは、本物のスーパースターでした。新宿コマ劇場は当初「スタジアム」という名前だったほど客席数が多い劇場なのですが、そこを昼夜公演一ヶ月の間、全て満員にする動員力で、その人気は物凄かったんです。

私の初舞台の『そばかすまり子の恋物語』は、ブロードウェイミュージカル『カーニバル』にヒントを得て構成されていたようですが、各シーンでは様々な楽曲が散りばめられていました。

多分この選曲は、宮城さんがされていたのだろうと想像します。というのも、まだ海外旅行が簡単ではないこの時代に、宮城さんは頻繁にニューヨークやロンドンやパリにお出かけになり、最新のショーやミュージカルをリサーチしていらっしゃいました。私も何度か羽田空港にお見送りに行ったことがあります。

飛行機に横付けされたタラップを上って、送迎デッキで見送る私たちに手を振る宮城さんのファッショナブルな姿、素敵でした！　とにかく海外への旅は、とてもとても特別な時代だったわけですが、宮城さんは自ら出向いて、海外で最も新しい作品や楽曲をお探しになってはご自分の公演で披露されていたように思います。

私が初舞台で歌った『ドレミの歌』も、宮城さんがブロードウェイから持ち帰ったばかりのものでした。当時のブロードウェイでヒットとなった『サウンド・オブ・ミュージック』はまだ映画化もされておらず、当然日本では、その数々のナンバーを誰も聴いたことがありませんでしたし、多分、日本で最初に宮城さんが『ドレミの歌』を広めた方だと思います。訳詩は岩谷時子さんで、♪『ド　甘いドロップのド　レれんげの花〜』という歌詞でした。

歌の中にセリフのやり取りがあり、そのたった一つのセリフを私が言うことになって、一緒に出ている「子役らしくない子供」の親たちにひどく妬まれましたっけ。こういうのって子役のあるあるなんでしょうね。

この初舞台の後も、宮城さんには大変可愛がっていただきました。ご自宅でのホームパーティーに呼んでいただいたこともあります。

モダンでおしゃれな素晴らしいご邸宅で、広〜いリビングに、お客様がいっぱい集まって、まるでハリウッド映画のワンシーンのような光景が目の前に展開していて、ほんとうに夢のようでした。

九州各都市を巡る『宮城まり子リサイタル』にも連れて行っていただきました。福岡から佐賀、長崎、熊本、鹿児島、宮崎、大分と、バスで移動しながらの公演でした。この時は、宮城さんから「一番仲のいい子を選びなさい」と言っていただき、本当に仲良しで歌の上手な和泉ちゃんと一緒に九州を巡りました。

各地の会館に到着したら、その土地の合唱団の子供たちが待っています。そこで『ドレミの歌』の動き方や段取りを伝え、本番に備えて練習するのが、東京から行っている私たちの役目でした。この九州ツアーで、後の「ねむの木学園」の創設は当然なのだとわかる経験をしました。


私たち母娘と和泉ちゃん母娘の４人を、宮城さんはいつも優しく気遣ってくださいました。ある時、出演者一行は、その都市で一番の老舗の旅館に宿泊。私たち二組の母娘が通された部屋も、お風呂が備わっている立派なお部屋です。だから、どのお部屋もこうなんだろうと思っていました。ところが、廊下を歩いている宮城さんの姿を見かけ、どうやら大風呂に向かわれていることがわかりました。

この旅館はお風呂付きの部屋は一つしか無かったのです。主催者が宮城さんのために用意したそのお部屋を、宮城さんご自身がチェックインの際に、我々二組の母娘の部屋にするようにと指示なさったことを知りました。リサイタル公演を一身に担い、誰よりもお疲れになっているはずですのに、二組の母娘を労うそのなんともおやさしいご配慮に、母たちは仰天しながら恐縮し、そして心から感動しておりました。

バスでの移動中、突然宮城さんが運転手さんに「ちょっと止めてちょうだい」と頼んで、急いでバスを降りたことがありました。みんなびっくりして心配していましたが、宮城さんは近くの農家を目指して走って行きます。しばらくして、宮城さんがバスに戻ってこられ、「ごめんなぁ。今あそこのお家にこの辺りの土地売ってもらえるか聞いてきたん」と仰るのです。

何故なら、バスが走るこの道に、街灯が整備されていないのが心配になり、宮城さんがこの道沿いに街灯をつけるスペース分の土地を買いたいと交渉してきたのだとか。バスで待っていた全員が、宮城さんの繊細で温かな心と、驚くべきその行動力に心底感服したのは言うまでもありません。

リサイタルの公演中、舞台袖の早がわり室で衣裳がえをされながら、鏡の中のご自身の姿の背後にいる私に気づかれた宮城さんが、「あんたな、芸人になったらあかんよ。芸術家にならなあかんよ」と仰いました。

11歳だった私は、その時はちゃんと理解ができていませんでしたが、時が経つにつれ、とても大切なことを教えてくださったのだと気づいたのです。

きっと宮城さんは私に、「媚《こ》び諂《へつら》うことはせず、技術を磨いて、真のエンターテイナーになりなさい！」と仰りたかったのだと思います。

それを肝に銘じてパフォーマンスすること。これが、心からご尊敬申し上げる宮城さんへのご恩返しと考えながら歩いてきた気がします。

宮城まり子さんとの出会いこそ、「岡崎友紀」の始まりだったのかもしれません。

思い出の中の「大切な方」のお話
その2 森繁久彌さん

私が生まれるずっと以前、私の母と森繁久彌さんは、満州放送局の同僚でした。なので、森繁さんは私にとって、幼い頃からとても近い存在だったのです。母に連れられ、舞台の公演を観にいって、よく楽屋も訪問しました。

お家にもよく伺いました。とっても大きくて、お庭はまるで公園みたいに広くて、緩い勾配を登ったところには、立派なお茶室まで建っていて、それはそれは素晴らしいご邸宅です。『社長シリーズ』の撮影をしている撮影所の中を案内してもらったこともあったし、幼かった頃の私は、なんとなく「親戚のおじさん」のような気分でお会いしていました。母と森繁夫妻とは、戦中戦後、苦労を共にした強い絆がありました。

満州から日本に戻ったばかりの頃、洋裁を得意としていた森繁さんの奥様の杏子ママは、生活の足しにとミシンを踏んで、服を仕立てていたこともあり、母も裕福なん

かではなかったけれど、少しでも仲間の力になればと、何着か注文をして仕立てても
らったと言っていました。そんな大切な友人だからこそ、迷惑はかけられないと思い、
私が舞台に立っていることは、ちゃんと言ってはいなかったみたいです。森繁さんも
その母の気持ちを察し、余計な口利きをするのを我慢してくれていたようです。

しかし、1965年の12月、ミュージカル『王様と私』の上演中、劇評が大手新聞
に掲載され、そこに私の名前を見つけた森繁さんは、その翌日、わざわざ公演中の東
京宝塚劇場の楽屋事務所まで駆けつけてくれました。そして、無名の子役が一行でも
演技を評価されたことを、たいへん喜んでくださいました。そしてその場で、翌年の
森繁久彌主演のNHK連続テレビドラマに、娘役で一年間レギュラー出演するよう命
ぜられたのです。これが、私のテレビへの第一歩になったというわけですね。

さらに、劇評のご褒美に、立派なステレオプレーヤーをいただきました。中央に観
音扉、両サイドに大きなスピーカーのそのビッグサイズのステレオは、我が家のどの
家具よりも立派でした。そして森繁さんのご自宅のリビングで、私の目の前に書のお

道具を並べて、長い長いとっても長い、私へのお言葉を綴ってくださいました。森繁お父さんが筆を動かしている間、神妙に横で見ていた私の足は痺れてきてしまい、巻紙を足しながら書き終えた時には、なんと全長六メートルもの長さになっていました。こんなに心のこもったご褒美をいただき、私はほんとうに幸せ者です。

『太陽の丘』

このNHKドラマ『太陽の丘』の間、森繁さんは美味しいものを食べに、いっしょに連れて歩いてくれました。そういえば六本木の有名寿司店に連れて行ってくれたのは森繁さんだったこと、思い出します。13歳の子供だった私ですが、その「福寿司」の大将にはそれ以来可愛がってもらって、大人になってからも良き友として、とても仲良くしてもらいました。大将は母のことも、森繁さんの友人として、とても大事に思ってくれていました。

ドラマの中で九州・霧島のロケの回があって、この時生まれて初めて飛行機に乗りました。ほとんどキャストとスタッフで貸切みたいな機内でしたが、初めて上空から富士山を見下ろしたりして、ワクワクしてフライトを楽しんでいました。しばらくすると森繁さんが「おい、友紀、ちょっと来い」と私を呼ぶので座席まで行くと、自分の膝に私を座らせ、窓から下の海を指差して、「あれが俺の島だぞ」と言うんです。どれ？　瀬戸内海に浮かぶ島々がたくさん見えるけど、森繁お父さんの島がどれなのか、指差すだけじゃわからなくて困りましたが、自分の島があることがとっても嬉しいのだということは、とってもよくわかりました。

きっとその嬉しさを誰かに言いたくて、とりあえず私でもいいから、島を見せたかったんですね。森繁さんは海が大好き。ご長男に「出海《いずみ》」という名前をおつけになったし、大きなヨット（ふじやま丸）も所有して、船長として航海するのが何よりの楽しみだったし、だから島を持ったことも、夢の実現の一つだったはず。あゝ、もっと驚いて騒いであげればよかったかなぁ……と、おとなしめの反応をしてしまったこと、今更ですがちょっと後悔。

舞台の終演後の楽屋では、毎日たくさんの仲間やお客さんと、楽しく食べたり飲んだりの宴会となる森繁さん。普通は劇場からはさっさと帰ってほしいと言われるところですが、森繁さんは特例だったのでしょう。

母に聞いたところによると、昔っから仲間を大事にして、森繁さんの周りにはいつもたくさんの人が集まっていたのだそうです。ご自宅でのパーティーも、ご家族に囲まれ、スタッフに囲まれ、いつもとても温かかったことを思い出します。特に息子のように森繁さんを慕っていた、松山英太郎兄さん、西郷輝彦兄さん、関口宏さんや竹脇無我さんや久世光彦さんらに囲まれてゲームに興じている時なんか、ほんとに無邪気な少年のよう。

私がテレビの時代劇のレギュラーを持っていた時、京都の東映撮影所に通っていたんですが、そこに森繁さんも、映画の撮影で来ていたことがあって、「いっしょにメシでもどうだ」ということになりました。それぞれの撮影が終了し、ハイヤーが迎えに来るまでの時間、撮影所の目の前にある喫茶店で、森繁お父さんとコーヒーを飲んで一息入れていたら、そこに私と同じ番組のレギュラーの丹波哲郎さんがいらして、「シゲさん、ご無沙汰！」「お丶、久しぶり」となり、一緒に3人でのお茶タイムになりました。素敵すぎるレジェンドのお二人に挟まれてのコーヒーの味は格別でしたヨ！　その当時はまだ「大霊界」のブレイク前でしたが、徐々にテレビなどで語ることが増えてきた丹波さんですので、コーヒーを飲みながら、そのお話が始まりました。「あのねシゲさん、大霊界というのはね……」と、まるで特番が始まったかのような力強いお声で解説に熱が入る丹波さん。「シゲさんだっていつかはそっちに行くことになるんだから、知っておいたほうがいい」と言われ、「まあ、そうかもしれんね。そういうもんかね」と、神妙に聞いている森繁お父さん。ただ、そろそろハイヤーも迎えに来る時間だし、夕食を森繁さんのお宿に予約をしてあって、あまり待たせるのもいけないし、でもせっかくばったり会ったんだから、話も聞いてみたいし、でも、なんだか相当長くなりそうな気配だし……と、いいタイミングを見つけようとしているらしいんですが、これが案外難しいみたいで、「それじゃ」と言えずホニャホニャ。丹波さんはますますテンションをアップして、一晩中でも話し続けそうな勢い。私はと言えば、こんなチャーミングなやりとりを独占で見せていただけて、そりゃもう楽しいったらありませんでした。

ようやくタイミングを見つけて、「車が迎えにきてるから、そろそろ」と立ち上がることに成功した森繁さん。丹波さんはちょっと残念そうでしたが、お二人は再会を約束し、楽しいコーヒータイムはお開きとなりました。

京都に滞在の時は必ずここに、という森繁お父さんの定宿の、隠れ家のような静かなお宿の離れに到着。秋も深まってきた頃で、その日の夕食は松茸ざんまい。私の人生において、この時ほど松茸を食べたことはありません。贅沢にも「もう結構」と言いそうなくらいいただきました。

いつもなら、そばについてお世話をする守田新子ちゃんたちスタッフや、私の母とかが一緒なのですが、この時は珍しく、森繁さんと私の二人だけで、ゆっくりお話ができました。森繁さんは美味しい松茸と熱燗で、秋の京都のひとときを味わい、私はお酒は飲めないので、もっぱら土瓶蒸しと焼き松茸をいただきながら、幼い時と同じように、親戚のおじさまといる気分でくつろぎました。とても貴重で特別な時間でした。

その翌年、14歳だった初演での末娘役以来12年ぶりとなる、ミュージカル『屋根の上のヴァイオリン弾き』で、次女のホーデルを演じました。停車場のテヴィエとホーデルの旅立ちのシーンを演じることができたこと、ほんとうに嬉しかったです。森繁さんと同じ板の上で演じることは、私の喜びであり、母の喜びでもありました。

満州放送局の同窓会のような集いが時々ありましたので、その時はなるべく母の付き添いとして私も参加することにしていて、森繁さんともよくお会いしていました。

1996年、私の母が亡くなった時、森繁お父さんは通夜に駆けつけてくださいました。母はもう少しで77歳になるという直前でした。6つ年上の森繁さんは83歳の時です。「経子ちゃん、どうしたんだ⁉」と悲しんでくださり、進んで親族の席に座って悼んでくださいました。ほんとうにありがたかったです。

森繁久彌さんとは、私が生まれる前からのご縁です。満州放送局仲間として、共に壮絶な戦争の苦難を乗り越えてきたという母との歴史があり、その絆のおかげで、私のことを見守ってくださったのだと思います。本物の親戚のおじさんではないけれど、もっとずっと近くって、とてもとても大切な存在だったのです。

母と森繁さん

日劇「奇跡のエピソード」その1 ネズミさんとの友情

ミュージカル『足ながおじさん』は1964年、日劇での一ヶ月公演でした。初めて出演する劇場でしたが、舞台稽古の日に劇場側からの注意事項の説明を受け、ちょっとびっくりしました。建物内に飲食店もあるためか、ネズミに関する注意がいろいろあったのです。各楽屋部屋に設置されている「ネコイラズ」の注意事項は「置いてはいますが効き目はありませんので」ということで、つまりは各自、楽屋ごとで、十分気をつけてくださいという結論でした。

そこで、私は毎日食べ物を置くことにしました。公演の初日を無事終え、楽屋内の衣装や小道具や化粧品類は全て衛生面を考慮して、しっかりカバーしたり引き出しにしまったりした上で、化粧台に包装紙などの紙を敷き、その中央に6Pチーズを一つ、どうぞ召し上がれ、という気持ちを込めて、ピンクのリボンをかけて置きました。そして部屋の明かりを消し、ドアを閉め、鍵をかけて劇場を出ました。

翌日、劇場に到着し、楽屋事務所で1号室の鍵をピックアップし、ドアを開けて明かりをつけます。見ると、化粧台に置いたチーズは、全く変化なくそのまま。う〜む残念。多分、頭の良いネズミさんのことです。そりゃ、なにか罠なんじゃないかと、警戒しているに違いありません。

二日目の公演を終え、同じように片付けて、昨日と同じようにチーズにリボンをかけて化粧台の真ん中に置きました。もちろん「どうぞ召し上がれ〜」の気持ちを込めて。そして部屋の明かりを消し、ドアに鍵をかけて帰りました。

翌日、鍵を開けて明かりをつけると……無い！　チーズがなくなってる！　やった！　「どうぞ召し上がれ」の気持ちが通じた！　そうなんです。その翌日も、そのまた翌日も、化粧台の上のご飯は消えていました。気持ちをわかってもらえた嬉しさで、今日は何を置いていこうかしら?と、チーズだけではなく、クッキーやフルーツや、毎日メニューを考えながら置いて帰り、翌朝無くなっているのを喜んでいました。隣の2号室から大部屋まで、毎日ネズミの被害がひどいらしく、つけまつ毛も羽根飾りもダンスシューズの踵も、モニタースピーカーのコードも齧られ、大暴れのようでした。みんな私の部屋も「大変でしょう?」と言うのですが、私の楽屋はまったくそのままの状態で、被害はありません。いただきもののキャンディーで作った花束を、うっかり置きっぱなしにしていたんですが、それにも手をつけていませんでした。みんなに、どうして被害が無いのかときかれるので、「ご飯をあげてるから」と説明するんですが、誰も本気にしてくれません。

半月が過ぎて、公演の中日《なかび》を迎えた頃です。その日も鍵を開けて明かりをつけると、あれ? いつも「ご飯」が消えているだけだったところに、ピンク色のものが置いてあります。なんだろう?と、よーく見てみるとそれは、ピンクのカーネーションの花びらを、こまか〜くちぎって、ふんわりと盛ってあるんです。楽屋に楽屋見舞いのお花をいただいていて、その花籠にはたくさんカーネーションも生けてあります。その中から、ピンク色の花びらだけを選んで、細かく細かくちぎって、ご飯の置いてあったところにふわ～っと盛ってあるんです。なにも散らかっていないし、フンのようなものも一切無いし、ただただ直径5～6センチの円形の、こんもりとしたピンク色の花びらのプレゼントが置かれているんです。

その日から、その花びらをふんわりと盛った、やさしいピンク色のプレゼントは、毎日続きました。千秋楽まで半月間、毎日です。

楽屋の鍵を開けて明かりをつけると、そのピンク色のまーるくこんもりとした盛花から「ありがとう～」というネズミさんの心が聞こえるような気がしました。他にはなんにも触れてません。でも、隣の楽屋から全部の楽屋は、相変わらずメチャクチャにされているようで、みんな頭を抱えていました。

千秋楽を迎えた日、昼公演と夜公演の間の時間に、私の部屋で、何人かの出演者が集まって、名残を惜しみながらサンドウィッチをつまんでいました。そこになんと！　ネズミさんが登場したんです！　どうやら、部屋に作り付けの棚の上に横倒しになっていた紙袋の中で、出て来るタイミングをずっと待っていたみたいで、ドドドッと棚から降りてきて、部屋に集まっていた真島茂樹さんの足の膝までいったん上り、私のすぐ横に座っていた女優さんは、椅子に座っている私の膝に飛び乗り、ギャ〜〜〜〜ッという悲鳴の中、ネズミさんは部屋から廊下に走り去っていきました。

多分、千秋楽だと知っていて、私にさよならを言うつもりで待っていたんですね。お部屋に集まっていた共演者がパニック状態になってしまったので、ゆっくりは会えませんでしたが、ちょっと見たところ、体長は約30センチほどはありました。で、私の毎日のメニューのおかげか、かなり丸々としていたように思います。

公演が終わって1週間くらい経った時、日劇の衣裳部の部屋に行く用事があって、先週まで一ヶ月間通っていた、懐かしい1号室楽屋の前を通りかかりました。

すると、そこに今入っている女優さんの付き人さんが追いかけてきて、「岡崎さん、こないだまでこの1号室だったんですよね？」ときかれました。
「はい」と答えると「大変だったでしょう?! ネズミ」って言うんです。「もう、毎日めちゃくちゃ。岡崎さんも困ったでしょう？」と言うので、正直に「いいえ、全然大丈夫でしたヨ」と答えたら「えっ？ どうやってたんですか？」って聞くので、これまた正直に「毎日ご飯をあげれば大丈夫ですよ」と教えてあげたら、「まーたぁ〜」と笑って、まともに聞いてもらえませんでしたが、ふと、どこかにあの1号室のネズミさんがいるような気がして、心の中で「がんばってー」とエールを送りながら劇場を後にしました。

こんなふうにネズミさんと友情を結ぶことができたことを、誇りに思います。あの、中日《なかび》から毎日続いた、ピンクのカーネーションの花びらを小さ〜くちぎってま〜るくこんもりふわ〜っと盛ってくれたネズミさんからの優しいプレゼントは、一生忘れられません。

ネズミさんからのプレゼント

大切な家族の話

初めて家族として暮らしたのは犬さんでした。私は3歳でした。母のお友達のおばさんが、突然白いワンちゃんを我が家に連れてきて、その日から家族になったんです。聞けばそのおばさんが住んでいるアパートの大家さんが飼い主で、その飼い主夫婦の仲が悪く、旦那さんが可愛がっている犬を奥さんがいじめて可哀想と、救助してきたようなんですが、自分はその夫婦のアパートに暮らしているから飼えないし、なんとか飼ってやってほしいと連れてきたらしいんです。

4歳くらいだという小柄な白いワンちゃんは、元々の「マミ」という名前のまま、私のお姉さんになりました。マミはスピッツとポメラニアンのミックスで、とても愛らしい犬さんでした。私が初めて、動物さんが「深い愛情を持つ心」を持っていることを学んだ犬さんです。

マミとお別れしてからは、素敵なシッポの家族はいませんでした。そうそう、14歳の時に『PEANUTS』の漫画にすっかりハマって、スヌーピーにぞっこんとなり、神戸ファミリアで初のスヌーピーのぬいぐるみが出た時に、たまたま神戸元町のファミリア本店でぬいぐるみスヌーピーと出会い、以来、仕事場にも一緒、世界中どこへでも一緒で、雑誌のグラビアにはほとんど一緒に写っていたマイ・スヌーピーが、ある意味家族みたいな感じでしたね。

まだその頃はPEANUTSもスヌーピーも日本国内ではあまり知られていなかったので、当時の私のグラビアや取材記事などを見てスヌーピーを知ったという人も多かったんですよ。「広めてくれた岡崎友紀に会いたい」とのご招待を受け、サンリオの辻信太郎社長（当時）のキュートな社長室にも伺ったこともあります。

アトリエを見学させていただいたり、おしゃべりをしただけでしたし、記念品を贈呈いただいたわけでもなく、今のように記念写真を撮る習慣もなかったので、証拠が何も残っていないのが残念ですが、その頃に作家のチャールズ・M・シュルツさんから「スヌーピーを私の代わりに描いていい人」と認定を受けたサンリオのイラストレーターの方に、目の前で描いていただいたスヌーピーだけが唯一のお宝ですね。

その頃『アップダウンクイズ』という人気番組があったんですが、その夏休み子供大会での話を聞いたことがあります。

回答者は全員小学生で、その中で一番正解を重ねて、あと1問正解すればハワイ旅行をゲットできる少年がいて、その大事な1問が「スヌーピーの飼い主の名前は？」で、その少年は勢いよくボタンを押して「岡崎友紀！」と答えたとか。きゃーっ、違うよ少年、チャーリー・ブラウンだよぉ。当然不正解で、あと一つのところからヒュルヒュルヒュル〜〜〜ッと一番下までダウンしちゃったそうです。あ〜あ、なんてこった！　ごめんねー、って言っても始まりませんが、その話を聞いてから何十年も経っているけど、いまだに可哀想な気持ちが拭えません。もう相当のおじさんになってるとは思いますが、もしどこかでお会いできれば、私をスヌーピーの飼い主だと思ってくれていたことのお礼を言いたいです。

こうしたことからもお分かりいただけるように、この国でスヌーピーを先駆けて有名にした私は、いわば日本でのスヌーピーの育ての親なんでございます。時が流れ、今じゃ関係者すら、そんなことだ〜れも知らないようですけどね。

ＰＥＡＮＵＴＳをはやばやと楽しんでいたおかげで、ハロウィンもルートビアも焚き火でマシュマロを焼いて食べるのも、私にとっては身近なものでした。若い頃住んでいたアパートメントには海外からの駐在の家族が多く住んでいたので、ハロウィンは大盛り上がりでした。

一日中ピンポ〜〜ンとドアベルが鳴り、扉を開けると目の前にチビっこお化けがバスケットを持って立っていて、『Trick or treats』と言います。そこに用意したキャンディーを入れてあげるのを、毎年楽しんでいました。あれから五十年、今の日本は、驚くほどハロウィンが大好きな国になりました。

スヌーピーは最初は普通の可愛いビーグルの子犬ちゃんでしたが、だんだんスーパーな存在になって、スポーツはベースボールにアイスホッケー、フィギュアスケーターとしてもピカイチで、サーフィンだって任せとけ、ファッションもキマってるし、飛行機の操縦もこなせば、Jew's Harpもダンスもプロ級。聞けば、いつも赤い屋根の上でウッドストックをアシスタントにパチパチとタイプを打って執筆中の可愛いハウスの中には、ゴッホの絵が飾られ、ビリヤードテーブルも完備しているとかで、なんだかめちゃめちゃ頼りになるカッコいいスーパーヒーローになっていきました。でも、どんな時でも裸足ってとこが、唯一犬さんらしい特徴を維持していましたね。

周りがあれこれうるさいので、二十歳を境に、スヌーピーのぬいぐるみは自宅でお留守番になりました。その頃、我が家に新しい家族がやってきました、最初は2匹の兄弟だったので、大好きな映画の俳優、ジャック・レモンとトニー・カーティスから名付けたんですが、ひとりは生まれながらの障害を持っていたために、幼くして天に召されてしまって、本当に可哀想でした。

残った子が、ジャック。マルチーズの男の子です。ジャックにはいっぱいしあわせをもらいました。テレビや舞台や取材に、頑張ってもくれました。あの世界の名優「ベンジー」が来日した時は、一緒にお食事会もしたんですよ。この時は、ベンジーちゃんと、次回作の主演者でもあるベンジーの娘のベンジーンちゃんのふたりが、あまりにも超〜〜おりこうさんなので、ジャックが劣等生に見えてしまいそうでしたけれど。

スヌーピーに代わってジャックがファンの皆さんの注目を集めるようになって、訓練なんて全くしていないのに、長期のミュージカルの舞台に出演までする事になりました。そんな舞台のお話も少しいたしましょう。

いつも一緒でした

日劇「奇跡のエピソード」その2ジャックとロック

日劇がとり壊されて、もう随分と時間が経ちましたね。正式名は日本劇場だけど、そう呼ぶ人は誰もいなくて、みんな「日劇」と言ってました。有楽町に聳え立つ大劇場の歴史のその途中に、私の主演ミュージカルが何作かあります。

元々は歌と踊りの〈レビュー〉の本拠地で、日劇ダンシングチームは、そのダンスのプロチームとして、名を馳せていました。途中、ロカビリーが流行った時代から続いていた『ウエスタンカーニバル』も有名でしたよね。しかし、常に時代の流れに巻き込まれて、歌謡ショーやら映画やらと、演目にいろいろ彷徨う時代も長かったようです。その打開策で、日劇ミュージカルシリーズを企画。その第一弾として、オリジナルミュージカル『足ながおじさん』に私が主演したわけです。

その後そのシリーズはナベプロ*が取り仕切ることとなり、天地真理ちゃん主演の作品には、私の愛犬ジャックが駆り出されたことも。この企画のプロデューサー橘市郎さんが「次の作品はサーカスが舞台で、本当はゾウとか馬とかライオンを出演させたいんだけど予算がないので、すみませんが友紀ちゃんの愛犬ジャックを貸してくれませんか」って頼みにきました。オモロすぎる正直なお願いに、ついうっかりOKし、ジャックは一ヶ月真理ちゃんと一緒に出演しました。ただ、楽屋をちゃんと用意してくれなかったみたいで、ほとんど楽屋口前の路上に、我が社の車をエンジンをかけたまま停車状態にして、私の事務所のマネージャーが待機し、そこを楽屋のように使うしかなかったらしく、毎日付き添っていた私の母が、ほとほとくたびれたと愚痴っておりましたっけ。

ジャックはその後、なんにもトレーニングをしていないのに、高い演技力（？）を認められ、ミュージカル『ザ・ウィズ』にトト役で出演します。

主人公のドロシーは、もちろん私が演じました。その2年後、再びジャックは日劇に凱旋出演を果たします。オリジナルミュージカル『魔女はロックがお好き』という作品は、主人公である私の役が魔女。相手役の名前がジャックで、魔法で犬に変えられてしまい、その場面をジャック自身が演じるという、まるでジャックのために作られたようなお話でしたの。音楽は5年前の『足ながおじさん』と同じく、鈴木邦彦さんが担当してくださいました。どのナンバーも素晴らしくて、この作品をブロードウエイにセールスしたら成功したのではないかと思います。タイトルの通り「ロック」をベースにしていたので、全体的にとてもパワフルなサウンドでした。

ある日、夜の部が終わり、楽屋で化粧を落としていたら、楽屋事務所の人が私の楽屋に走ってきて、「岡崎さん、内田裕也さんから電話です」って言うんです。「？　……うちだゆうやさん？　……って、あの内田裕也さん？」内田さんから電話って、どして？　もちろん存在としては存じ上げてはおりますが、仕事での接点がなかったので、電話をいただくって、とても不思議でした。でも、楽屋事務所の方が、一番奥

＊ナベプロ　株式会社渡辺プロダクション。

にある私の1号室まで息を切らして知らせに来てくれたので、化粧をトロフキ*で落としながら電話のある事務所まで急ぎました。そういえば携帯とか影も形もない時代って、電話だよ〜って、こうやってとりついでいたなぁと、懐かしく思い出しますね。

受話器を持って「お待たせしました、岡崎です」と言うと、「初めまして、内田です。忙しいとこすいません」と、ちょっとハスキーなお声が聞こえました。そして、「今、舞台観てました」と仰います。「えー？ そうなんですかー？」とびっくりした私。すると「日劇の前を通ったら『ロック』って書いてあったから、ほんとにロックやってるのかどうか確かめようと思って、チケット買って観たんすよ」って仰るじゃありませんか！ 「えーっ!? チケット買ってくださったんですか？」「ええ、買いました」「うわっ、すいません。ありがとうございます」『魔女はロックがお好き』という看板の〈ロック〉の文字が気になって、チケットまで買ってご覧になる内田裕也さん。もう、さすがというかなんというか、なんて純粋な方なんでしょう。

私が感動しながらお礼を申し上げると、裕也さん「もしロックじゃなかったら文句言ってやらなくちゃと思ってたんすよ」と。そ、そうなんだ。この電話ってもしかして、怒りの電話？と緊張しましたが、しばらく沈黙の溜めがあった後、「……ロックでしたぁ！　よかったです」というお言葉が。やったぁー！　電話の前で思わずガッツポーズの私。今見終わったばかりの感想を伝えたくて、わざわざ劇場にお電話をくださったんだそうです。

さすがなロック愛に頭の下がる思いでした。来てくださいとお願いしたって、なかなかそんなことは難しいビッグアーティストの内田裕也さんですのに、通りがかりに偶然、看板の「ロック」の文字を見て、自らチケットをお買い求めになって、客席に座ってご覧くださったなんて、我々出演者や制作スタッフの、誰が想像できたでしょう。

その上、「よかった。本当にロックだった。たった！」とお墨付きのお電話までいただけたなんて、裕也さん、とっても素敵な奇跡を、ありがとうございました！

＊トロフキ　舞台役者がメイクを落とす際に、顔についたクレンジング剤を拭き取るタオルのようなもの。

あとがき

本だけでなく、長年にわたって戯曲、シナリオ、脚本、台本を読んできた私なので、書かれている文字を生きた人間を通して表現する作業には慣れています。でもふと思うのですが、俳優でないあなたも、実は同じことをしているのではないかしら？

手紙……今は、手紙よりメールやそれに準じるアプリでのやり取りが多いかもしれませんが……、とにかくそういった誰かから届いた文面を読む時って、その相手の声で読んでいませんか？　本だって同じように、頭の中や心の中では、文字が声で聞こえているのでは？　そう考えると、この本は私の声で文字が聞こえている人が多いのかな？　文章は出来うる限り普段使っているわかりやすい言葉で書くこと。そして、テンポやリズムを心地良く、と思うのは、こうした「文字の声」のことが気になるからなんですよね。

書き進む途中で、いろいろなことを思い出しました。思い出し過ぎて、書きたいことがどんどん増えて困りました。それだけたくさん、歳を重ねてきたんだということに、あらためて気づきました。

昔、少年少女だったファンのために、当たり障りの無い話だけにしておこうかとも思いましたが、ほんとうの私の生い立ちを語ることで、なぜ私が、笑顔を提供する俳優として生きようとしてきたかを、今だから、みなさんに気づいてもらうのもいいかもしれないと考えて、70歳にして初めて語る内容も入れました。

役者はどんな役でも演じます。私もあらゆる国、あらゆる時代の人物を演じてきましたし、天使も魔女も演じました。ことに舞台空間は、ウソを演じ切ることのできる、役者にとっての究極の場です。でも、視聴者の生活空間に、身近なものとして存在しているテレビのドラマでは、できるだけ「岡崎友紀」としてのキャラクターから遠くならないよう心がけていました。なぜなら、私を観て元気になったり、明るい気持ちになったりする人々が多くいることを知っていたからです。

知らない誰かの心を、明るく元気にできるなんて、そんな魔法使いみたいな仕事はなかなかありませんよね。

この本は、そんな仕事を8歳から70歳まで、62年間も続けてきたこの私が、今まで出会ってきた素敵な人々や、歩んできた自分自身の人生の話を、正直に綴ったものです。忙しすぎて、人間ドックを受けることなど全く考える余裕のなかった私でも、こうして元気に歳を重ねてこれたんだね～と、ちょっとだけ感心してもらえたらうれしいです。

六十代最後の年に決心して、両脚を人工股関節にできたおかげで、やっと普通に戻ったこの体。普通って素晴らしい！　なんだか年齢を巻き戻せたような気分です。

グルメではないごく普通の食生活と、ぐっすり熟睡快眠と、それにこの、普通に歩ける両脚が戻ってきたので、本来私が大事だと考えている、「食べる」「眠る」「歩く」のシンプルな暮らしが復活。なんてありがたいことでしょう。

何が起ころうと、誰になんと言われようと、とにかく自分を信じて生きるっきゃありません。これからも歌ったり語ったりの魔法で、みなさんの心を笑顔でいっぱいにしたいです。さぁ、魔法にかかりたい人ぉー、集まれぇー！

岡崎友紀 ディスコグラフィー＋プロフィール

Single Record and Single CD

作詞：高木飛鳥＝★　岡崎友紀＝◎

- **しあわせの涙**（1970／3／5）
  A しあわせの涙／B 天使の祈り
- **花びらの涙**（1970／7／5）
  A 花びらの涙／B 海辺の町
- **おくさまは18才**（1970／11／5）
  A おくさまは18才◎（ドラマ「おくさまは18歳」主題歌）
  B 小さなお城◎（ドラマ「おくさまは18歳」副主題歌）
- **鳩時計は唄わない**（1970／12／7）
  A 鳩時計は唄わない／B 恋は知らない
- **雲と渚と青い海**（1971／6／5）
  A 雲と渚と青い海／B 恋愛ごっこ
- **天使はこうして生まれるの**（1971／10／5）
  A 天使はこうして生まれるの／B 絵はがき
- **なんたって18歳！**（1971／11／5）
  A なんたって18歳！★（ドラマ「なんたって18歳！」主題歌）
  B バスに乗って★（ドラマ「なんたって18歳！」挿入歌）
- **ファースト・ラブ**（1972／4／25）
  A ファースト・ラブ（ドラマ「だから大好き！」主題歌・ドラマ「小さな恋のものがたり」主題歌）
  B 青春の日に（ドラマ「だから大好き！」挿入歌・ドラマ「小さな恋のものがたり」挿入歌）
- **黄色い船**（1972／5／25）
  A 黄色い船／B 恋愛時代
- **私は忘れない**（1972／10／5）
  A 私は忘れない／B 年頃かしら
- **ママはライバル**（1972／11／20）
  A ママはライバル（ドラマ「ママはライバル」主題歌）
  B ふれあい（ドラマ「ママはライバル」挿入歌）
- **さよならなんて云わないで**（1973／3／20）
  A さよならなんて云わないで／B 春の目覚め
- **白い船でいきたいな**（1973／7／20）
  A 白い船でいきたいな／B 恋のなぞなぞ
- **風に乗って**（1973／10／20）
  A 風に乗って★（ドラマ「ラブラブ・ライバル」主題歌）
  B 恋しているから★（ドラマ「ラブラブ・ライバル」挿入歌）
- **恋するふたり**（1973／12／25）

A 恋するふたり／B 今は泣かない

● **打ち明けられない**（1974／6／5）

A 打ち明けられない★（ドラマ「ニセモノ御両親」主題歌）

B 涙と仲良しのわたし★（ドラマ「ニセモノ御両親」挿入歌）

● **愛々時代**（1974／11／5）

A 愛々時代／B 海岸通りの喫茶店

● **北上川**（1975／3／5）

A 北上川／B ディスクジョッキー

● **GOOD LUCK AND GOODBYE**（1976／4／20）

A GOOD LUCK AND GOODBYE／B ハートを食べて

● **恋のマリオネット**（1977／3／5）

A 恋のマリオネット／B 雨の誘惑

● **ハートは薔薇色**（1977／7／20）

A ハートは薔薇色／B ポケット一杯の愛を

● **ダンシング・レディ**（1978／2／5）

A ダンシング・レディ◎／B フィーリング・ラブ◎

● **ドゥー・ユー・リメンバー・ミー**（1980／6／25）

A ドゥー・ユー・リメンバー・ミー／B ジャマイカン・アフェアー

● **メランコリー・キャフェ**（1980／11／10）

A メランコリー・キャフェ／B ウオッカ・ツイスト

● **ラブ・ストーリー**（1981／6／25）

A ラブ・ストーリー／B You make me happy

● **S-O-O-N**（1981／11／28）

A S-O-O-N／B Evening Glow◎

● **ドゥー・ユー・リメンバー・ミー**（2001／3／7）※12cm CD Single

1、ドゥー・ユー・リメンバー・ミー／2、You make me happy／

3、As tears go by

● **NEVER ALONE**（2002／7／17）※ダウンロード販売

NEVER ALONE ◎

Album and CD

● **『花びらの涙』**（1970／10／5）

花びらの涙 ほか全12曲

● **『雲と渚と青い海』**（1971／6／1）

雲と渚と青い海 ほか全12曲

● **『友紀の青春 ニューフォークを歌う』**（1971／12／1）

あの素晴しい愛をもう一度 ほか全12曲

● **『岡崎友紀／アルバム4』**（1972／6／1）

黄色い船 ほか全12曲

● **『岡崎友紀／アルバム5』**（1973／2／5）

サンライズ・サンセット（Sunrise Sunset）ほか全13曲

● **『岡崎友紀／アルバム6』**（1973／5／20）

私は忘れない ほか全12曲

● **『岡崎友紀／アルバム7』**（1973／12／25）

恋するふたり ほか全12曲

・**『海岸通りの喫茶店』**（1974／12／20）
愛々時代 ほか全12曲
・**『ライヴ！ 岡崎友紀マイ・コンサート』**（1975／3／5）ライブ収録
・**『私の好きな歌』**（1975／10／5）
北上川 ほか全11曲
・**『明日のスケッチ』**（1976／5／3）
グッド・ラック・アンド・グッドバイ ほか全12曲
・**『MR.LOVE 岡崎友紀スー・シフリンを唄う』**（1977／5／5）
作詞：岡崎友紀 作曲：スー・シフリン 英国レコーディング ほか全10曲
・**『ダンシング・レディ』**（1978／8／5）
フィーリング・ラブ ほか 作詞：岡崎友紀 作曲：鈴木邦彦 全10曲
・**『ドゥ・ユー・リメンバー・ミー』**（1980／11／28）
ドゥ・ユー・リメンバー・ミー ほか全10曲
・**『SO MANY FRIENDS』**（1981／11／28）
S-O-O-N ほか全10曲

※アルバムCD
・**『Feel At Ease』**（2002／8／15）
Feel At Ease ほか全9曲
・**『Now to Now』**（2023／11／29）
Now to Now／きっと…／Love & Peace & Smile ほか全6曲

主な出演作品（☆印は主演または司会）

［初舞台］
・**そばかすまり子の恋ものがたり**（新宿コマスタジアム／1961）

［舞台〈ミュージカル〉］
・**アニーよ銃をとれ**（新宿コマスタジアム／1964・梅田コマ劇場／1965）
・**王様と私**（梅田コマ劇場／1965・東京宝塚劇場／1965）
・**屋根の上のヴァイオリン弾き**（帝国劇場／1967）
・**足ながおじさん**（日本劇場／1974）☆
・**サウンド・オブ・ミュージック**（帝国劇場／1975）
・**ザ・ウィズ**（日生劇場／1976）☆
・**魔女はロックがお好き**（日本劇場／1977）☆
・**OFF**（日本劇場／1978）☆
・**王様と私**（日生劇場／1979）
・**屋根の上のヴァイオリン弾き**（帝国劇場／1980）
・**ナイン**（日生劇場／1982）
・**リトル・ショップ・オブ・ホラーズ**（博品館劇場／1984）
・**キス・ミー・ケイト**（シアターアプル／1985）
・**ラ・ボエーム'85原宿物語**（中野サンプラザ／1985）
・**TIME-19**（青山劇場／1987）
・**2ヶ月のニーナ**（青山劇場／1989）☆

- **リトル・ショップ・オブ・ホラーズ**（博品館劇場／1991）
- **あしながおじさん**（サンシャイン劇場／1992・神戸オリエンタル劇場／1992）
- **夢があるから**（東京芸術劇場／1999）☆ ほか

[ストレートプレイ]

- **じょっぱり**（中日劇場）☆
- **ビルマの竪琴**（帝国劇場）
- **坊ちゃん**（中日劇場）
- **ボーイング・ボーイング**（パルコ劇場）
- **夢千夜日記**（近鉄劇場）
- **新四谷怪談**（中座）
- **幸福**（日生劇場）
- **家族**（名鉄ホール）
- **海鳴りやまず**（梅田コマ劇場）
- **祇園の男**（名鉄ホール）
- **ジンギスカン わが剣熱砂を染めよ**（明治座・新歌舞伎座）
- **忠臣蔵**（全国）
- **ボーイング・ボーイング**（横浜ランドマークタワーホール）ほか

[コンサート・ディナーショー・LIVE]

- **東京郵便貯金ホール**（東京）

『My Concert』

『宮川泰・服部克久ニューイヤーコンサート』

- **Crystal Room**（東京）
- **新宿ルイード**（東京）
- **Blues Array Japan**（東京）
- **Hotel Takezono Ashiya**（芦屋）
- **SBT139 スイートベイジル**（東京）
- **American Club New York Ballroom**（東京）
- **Hotel Seagull**（大阪）
- **日本丸**（船内Ballroom）
- **O'hyoi's**（東京）
- **JZ Brat SOUND OF TOKYO**（東京）ほか

[テレビ]

- **太陽の丘**（NHK／1966）
- **あねいもうと**（NHK／1968）☆
- **みんなの科学**（NHK／1969）☆
- **ヤング720**（TBS／1969〜）☆
- **父ちゃんがゆく**（CX／1969）
- **お嫁さん**（CX／1969）
- **胡椒息子**（TBS／1969）
- **東芝日曜劇場・父と母の子**（TBS／1969）
- **マイホーム'70**（TBS／1970）
- **おたのしみグランドホール**（NHK／1969〜1971）☆

- **9時のビッグヒット**（NET／1970）☆
- **木下恵介アワー・あしたからの恋**（TBS／1970）
- **巨泉・前武ゲバゲバ90分**（NTV／1970）
- **おくさまは18歳**（TBS／1970）☆
- **ゲバゲバちょんまげ90分**（NTV／1971）
- **なんたって18歳！**（TBS／1971）☆
- **テレビはこれだ！ドラマが3つも**（TBS／1971）
- **何がなんでも**（TBS／1972）
- **だから大好き**（NHK／1972）☆
- **小さな恋のものがたり**（NTV／1972）☆
- **3丁目4番地**（NTV／1972）
- **野分け**（NTV／1972）
- **ママはライバル**（TBS／1972）☆
- **ほんものは誰だ?!**（NTV／1973）
- **お嫁さんに決めた！**（CX／1973）☆
- **ラブ・ラブ・ライバル**（TBS／1973）☆
- **とことんやれ大奮戦！**（NTV／1973）
- **ニセモノご両親**（TBS／1974）☆
- **紅白歌のベストテン**（NTV／1974〜1979）☆
- **カリキュラマシーン**（NTV／1974）
- **それは秘密です**（NTV／1975）
- **あかんたれ**（CX／1976）
- **続・あかんたれ**（CX／1978）

- **熱愛一家・LOVE**（TBS／1979）
- **遠山の金さん**（テレビ朝日／1979）
- **長七郎天下御免！**（テレビ朝日／1979）
- **アルファベット2／3**（CX／1992）
- **午後は○○おもいッきりテレビ**（NTV）ほか

［CM］

- **雪印／ブラザー／SANYO／東洋水産／旺文社**ほか

［ラジオ］

- **ラジオドラマ・ステレオミュージカル 僕らのペガサス**（NHK／1970）
- **岡崎友紀の好き好きジョッキー**（ニッポン放送／1974）
- **ヤング作戦**（ニッポン放送／1974）ほか

［ナレーション］

- **クラシック・レコード ピーターと狼**（東芝EMI）
- **クラシック・レコード 動物の謝肉祭**（東芝EMI）ほか

［訳詞（青葉狸衣）］

- **ミュージカルグリース**（日本劇場／1977）
- **ロックオペライダマンテ**（中野サンプラザ／1989）ほか

[振付]

- **ミュージカルファンタスティックス**（東京芸術劇場／1998）ほか

[脚本・演出]

- **ハートにチュ！**（博品館劇場）
- **TIME-素敵な約束**（東京芸術劇場小ホール）
- **TSUBO**（東京芸術劇場小ホール）
- **星は幾万ありとても…**（東京芸術劇場小ホール）
- **サンタ・サンタ・サンタ**（築地ブディストホール）
- **モンスター・ネット・カフェ**（東京グローブ座）
- **エゴのカーニバル**（東京芸術劇場小ホール）ほか

[著書]

- **明日のスケッチ**（近代映画社／集英社文庫版）
- **続・明日のスケッチ**（近代映画社／集英社文庫版）
- **WHALE SONG**（ザトウクジラ写真集）ほか

[個展]

- **銀座三越**（ニホンカモシカを守る会チャリティ個展・油絵）
- **銀座プランタン**（母と娘の二人展・アクリル）ほか

[書]

- **岡崎友狸**

[文化活動]

1976年より「エルザ自然保護の会」理事として、活動を開始。
同年、サバンナクラブの理事としても活動を開始。
藤原英司氏、戸川幸夫氏、田中光常氏、小倉寛太郎氏ら、自然環境、
動物保護のオーソリティに囲まれて、多くのことを学ぶ。

NPO法人地球こどもクラブ理事

社団法人日本トラウムハイム協会理事

エルザ自然保護の会副会長〜藤原英司会長のご逝去により閉会

より詳しい情報はこちらへ
岡崎友紀オフィシャルウェブサイト yukiokazaki.com

なんたって70歳《さい》！
だから笑顔《えがお》で生《い》きる

2024年7月15日　初版第1刷発行

著者　岡崎友紀《おかざきゆき》
発行者　笹田大治
発行所　株式会社興陽館
〒113-0024
東京都文京区西片1-17-8　KSビル
TEL　03-5840-7820
FAX　03-5840-7954
URL　https://www.koyokan.co.jp
協力　神村紗希（株式会社ナズナミュージック）
ブックデザイン　鈴木成一デザイン室
本文デザイン　ニマユマ
校正　新名哲明
編集補助　飯島和歌子
編集・編集人　本田道生
DTP　有限会社天龍社
印刷　惠友印刷株式会社
製本　ナショナル製本協同組合

ISBN978-4-87723-326-6 C0095